U0854727

现代教育管理路径的多维思考

张永华◎著

文化发展出版社
Cultural Development Press
·北京·

图书在版编目（CIP）数据

现代教育管理路径的多维思考 / 张永华著 . — 北京 : 文化发展出版社 , 2023.12
ISBN 978-7-5142-4272-0

Ⅰ . ①现… Ⅱ . ①张… Ⅲ . ①现代教育 - 教育管理 - 研究 Ⅳ . ① G40-06

中国国家版本馆 CIP 数据核字 (2024) 第 025152 号

现代教育管理路径的多维思考

张永华 著

出 版 人：宋 娜
责任编辑：袁兆英　　责任校对：岳智勇
责任印制：邓辉明　　封面设计：张秋艳
出版发行：文化发展出版社（北京市翠微路 2 号 邮编：100036）
网　　址：www.wenhuafazhan.com
经　　销：全国新华书店
印　　刷：天津和萱印刷有限公司

开　　本：710mm × 1000mm 1/16
字　　数：180 千字
印　　张：10.25
版　　次：2025 年 1 月第 1 版
印　　次：2025 年 1 月第 1 次印刷

定　　价：72.00 元
I S B N：978-7-5142-4272-0

前　言

自20世纪初诞生以来，教育管理学已经历了百年的发展历程。尽管我国的教育管理学与西方几乎同时起步，但由于种种原因，中华人民共和国成立后我国曾一度中断对该学科的研究，导致教育管理学在我国尚未发展成熟，学科体系也尚未形成严谨的结构。因此，为了不断完善该学科，推动其向更科学化的方向发展，我们必须对其进行深入的探索和研究。

随着市场经济体制的日趋完善和教育改革的不断深化，教育管理不断面临新的挑战和要求。这就需要新的教育管理理论来指导；教育改革中的新经验需要从新的理论高度加以总结；教育管理实践也需要新理论从更高层次上给予指导。

学校作为学生接受教育的主要场所，应当积极探索培养学生创新意识、创新精神和创新能力的途径。为了满足社会对创新人才的需求，我们必须在当前的教育改革转型时期，从教育观念、培养目标、教育内容、教育方法与手段以及教育管理体制等多个方面入手，大力推进创新教育，充分提高青少年的创新能力。

在当前的形势下，创新已成为知识经济的核心。我们只有紧紧抓住创新教育这一关键环节，才能培养出适应21世纪知识经济要求的开拓型人才。

本书共五章。第一章为教育管理概述，分别介绍了教育管理的内涵与内容、教育管理的过程与方法、教育管理的学科基础三个方面的内容；第二章为教育管理思想的演变与发展探究，分别介绍了我国古代的教育管理思想演进、国外教育管理思想演进、现代管理理论和教育管理发展三个方面的内容；第三章为现代小学教育管理路径的多维思考，分别介绍了现代小学教育制度管理、现代小学教育教学管理、现代小学教育文化管理三个方面的内容；第四章为现代高等教育管理路径的多维思考，分别介绍了我国高等教育的内部管理、我国高等教育教学与科研管理、我国高等教育的学生管理三个方面的内容；第五章为现代老年教育管理路径的多维思考，分别介绍了老年教育概述、现代学校老年教育管理、现代社区老年教育管理、现代远程老年教育管理四个方面的内容。

在撰写本书的过程中，作者得到了许多专家学者的帮助和指导，在此表示真诚的感谢！限于作者水平不足，本书难免存在一些疏漏，在此，恳请同行专家和读者朋友批评指正！

张永华

2023 年 5 月

目　录

第一章　教育管理概述

随着时代的发展，教育管理科学方面取得了大量的突破性进展，我们首先需要了解教育管理的基本内容。本章主要介绍教育管理的概述，主要从三个方面进行阐述，分别为教育管理的内涵与内容、教育管理的过程与方法、教育管理的学科基础。

第一节　教育管理的内涵与内容

一、教育管理的内涵

（一）教育管理的含义

一般而言，管理一词指的是对某一事物进行管辖和处理。管理的涉及面极其广泛，人们往往按照某种需要，从某种角度来看待和谈论管理。因此，对管埋也就形成了多种不同的解释。即使是在管理学界，对管理也有多种不同的定义。有的从管理职能和过程的角度，认为管理是一项由计划、组织、指挥与协调等多个职能要素共同作用所构成的复杂活动，其核心在于协调各方资源，确保活动的顺利进行；有的强调管理的协调作用，认为管理的主要目的是通过协调人员和物质资源，以实现既定目标的一种活动；有的突出组织中的人际关系和人的行为，认为管理是一项旨在协调人际关系，促进人们的积极性的提高且为了实现共同目标的复杂活动；有的从决策在管理中的重要地位出发，认为管理就是决策；有的从系统论的角度出发，认为管理是一种基于客观规律对系统施加影响的过程，通过这一过程，使得系统能够进入一种全新的状态。这些不同的定义从不同的角度揭示了管理的特性。

综合上述各种观点，我们可以对管理的概念做如下表述：在特定的社会组织中，人们通过制定决策、规划、组织和监管，有效地利用不同的资源，从而彻底实现预期目标的一种社会活动过程，就是管理。

教育管理是管理的一个重要组成部分，因此，教育管理既具有管理的一般本质，又有其自身的特殊本质。这主要体现在以下几个方面。

首先，教育管理是在进行教育活动的特定社会组织中进行的，任何管理活动都是在一定的社会组织中进行的。学校是系统培养专门人才的社会组织，教育管理主要出现在学校，但也会出现在一些其他进行教育活动的机构、组织。

其次，教育管理的目的是培养人才。管理总是有一定目的，管理的目的就是要实现一定社会组织的某种预定目标。世界上既不存在无目标的管理，也不可能实现无管理的目标。教育管理作为人才培养工作的一个重要环节，其目的就是要实现学校在人才培养方面的预定目标，促进学生的全面发展，使其不断紧跟时代的发展步伐，成长为时代需要的人才。

最后，教育管理的实质是要有效地利用各种资源，为学生的成长成才提供指导和服务。教育管理的任务是要为学生的全面发展提供指导和服务，包括对学生个体和群体的行为进行引导、使其学习丰富的知识与提高其能力等。为此，在这个过程当中，需要最大限度地利用各种资源，包括但不限于人力、物力、财力，必须运用科学的决策、计划、组织与控制方法。综上所述，教育管理就是为实现人才培养目标，促进学生全面发展，通过决策、计划、组织和控制，有效地利用各种资源，为学生提供各种指导和服务的社会活动过程。

（二）教育管理活动的意义

教育管理并非终极目标，而是一种手段，其根本目的在于确保所有公民享有受教育的权利，同时为实现国家的教育理念和促进社会教育事业的发展创造有利条件。因此，在当代社会背景下，对于教育领域的有效管理的具体方式需要深入探讨。

首先，现代教育已经发展成为一个范围广泛、规模巨大的事业。它不仅包括各级各类学校和各种社会团体所开展的教育活动，而且还包括各种社会群体对学生进行的职业技术教育、职业培训以及其他非智力因素培养等内容。现代教育体系的诞生得益于现代公共教育制度，涵盖了从学前教育到中小学义务教育，从普通高等教育到基于终身教育思想的不同类型的成人教育。在我国，有数以亿计的人被专家称作“教育人口”，这就决定了教育投入不仅巨大而且极其复杂。在众多国家中，教育经费普遍被视为国家行政支出的重要部分，其规模甚至超过了国防支出。面对如此庞大、复杂且耗费大量资源的工作，必须对其进行有效的领导和管理。

其次，为了促进教育的协调发展，必须采取有效措施。其中，教育的繁荣离不开政治、经济、文化和地理等多方面的条件支撑。国家规模的大小会直接造成不同地区的教育差异，这导致教育实施的主客观基础表现得不一致，因此，必须通过有效的教育管理活动来促进教育发展。教育管理就是处理和协调各方面关系，使之达到一定目标的一种社会活动。即便处于同一地域，不同学府之间亦存在差异，因此必须解决教育协调之难题。在教育管理的过程中，最为普遍的协调措施包括经费的拨付、人员的调度、教师的培训，以及技术的支持等。

再次，为了最大限度地优化教育资源的配置和利用，必须对其进行合理的规划和管理。无论一个国家财富如何丰厚，其教育资源始终受制于有限的资源。所以说，教育资源是一种稀缺资源，尽管教育无法像工厂那样瞬间创造经济价值，但人们总是追求以最小的成本获得最大的效益。通过对教育资源进行科学的规划和有效的利用，可以实现事半功倍的效果，从而提高教育质量和效益。

最后，教育管理旨在为教育事业提供服务。教育管理的价值不仅在于为领导教育提供支持，更在于为教育事业的发展提供服务。我们坚信，教育行政的存在意义不在于其存在本身，而在于其作为一种工具而非终极目标的本质。所以说，教育行政的存在意义在于为学生提供必要的支持和服务，而其实际效果则取决于其对教学事业所作出的贡献的多少。如果离开了师生双方，教育行政就是无源之水、无本之木。教育行政作为一种服务于教育和学习的组织形式，旨在为教育和学习提供支持，同时也是引领和促进教育和学习的重要力量。教育行政的存在离不开教师的指导和学生的学习，缺乏教师的引导，教育行政便失去了其必要性。因此，教育管理者不仅是教育事业的引领者，同时也是为教育事业提供服务的重要角色。

教育管理不仅在教育决策、教育行政监督、教育评价、教育改革等方面扮演着至关重要的角色，同时也是有效推动了教育现代化，并进一步提高了教育质量。

（三）教育管理活动的独特之处

教育管理活动是由人们在教育领域所从事的各种管理活动所构成的。因此，相较于其他管理活动，教育管理活动在某些方面呈现出共性，但在其他方面也有属于自己的特点。教育管理具有社会性和历史性的特点。与其他管理活动一样，教育管理活动也必须在社会历史条件的制约下进行；教育管理的对象涵盖了人、事、物、时间、空间等多个方面的元素，这些元素共同构成了教育管理的基础；教育管理是一个十分复杂的过程，其所具备的专业管理职能是不可或缺的；随着时代的演进，教育管理方式也在不断变化；教育管理的方法和手段同其他事物一样，在不同历史时期有各自的特点。由于存在以上诸多相似之处，一般的管理理论在教育管理中同样具有重要的指导意义，这一点不容忽视。

并且，还需要关注的是，教育事业具有独特的属性和规则，这些属性和规则必然在教育管理工作中得到体现。

二、教育管理的内容

教育管理涵盖了课程与教学管理、学生管理、教育人员管理三个方面的内容，它们共同构成了教育管理的核心内容。

（一）课程与教学管理

课程与教学是教育管理的核心事务，其他各种事务很大程度上都是为课程与教学服务的。课程与教学管理的主要内容包括以下几项。

①教育方针确定。教育方针是人才培养的总目标，是课程设计、教材编写与教学活动开展的根本依据。

②课程设计。课程设计包括课程目标设定、课程标准研制与教材编写等工作。

③教学时间安排。教学时间的安排从宏观层面说，包括学年、学期、假期等内容的确定；从微观层面说，主要指学校课程表的编排，其涉及学校教学总时间的规定、各年级各学科教学时间的分配、各学科具体教学时间点的设置等。

④班级编制。班级编制首先涉及教学组织形式的选择，如采用班级授课制，还是分组教学，抑或是复式教学。其次涉及在具体教学组织形式之下，采用何种标准进一步编排学生。例如，是设大班（组），还是设小班（组）？是随机分班（组），还是依能力分班（组）？

⑤学籍编订。学籍既是动态记载学生在校状况的工具，也是学生毕业、升学、转学、休学、借读的依据。

⑥备课与教学工作管理。这主要是对教师备课工作进行布置、组织与指导，对教学进度和教学方法进行设计、检查与指导等，是对教学过程的管理。

⑦考试与成绩管理。这主要是为了了解并记载教师的教学效果和学生的学习状况，以此发现教学、课程及相关工作有待改进之处，或决定学生是否能够升级、毕业或升学。

⑧教育教学研究管理。这主要涉及教育教学研究的内容、方式、组织等问题，其目的是增进教师对于一般教育问题和具体学科教学问题的认识。

（二）学生管理

学生管理作为学校人才培养工作的重要组成部分，扮演着不可或缺的角色。除此之外，学生管理既具有管理的一般本质，又有其自身的特殊本质，具体来说主要表现在以下几点。

任何管理活动总是在一定的社会组织中进行的。实际上，管理活动就根源于社会组织中协调组织成员的相互关系和个人活动的必要性。这就像马克思（Marx）所说的那样："凡是有许多个人进行协作的劳动，过程的联系和统一都必然要表现在一个指挥的意志上，表现在各种与局部劳动无关而与工场全部活动有关的职能上，就像一个乐队要有一个指挥一样。"[①] 以高校学生管理为例，高等学校是系统培养专门人才的社会组织，大学生的教育和培养是其首要的和基本的任务。高校学生管理也就是高等学校为实现这一任务而进行的特殊的管理活动。

管理总是有一定目的的，管理的目的就是要实现一定社会组织的某种预定目标。世界上既不存在无目标的管理，也不可能实现无管理的目标。高校学生管理作为高等学校人才培养工作的一个重要环节，其目的就是要实现高等学校在人才培养方面的预定目标，促进大学生的全面发展，使之成为德、智、体全面发展，富有创新精神和实践能力的中国特色社会主义事业的建设者和接班人。高校学生管理的任务是为大学生顺利完成学业、健康成长成才提供各个方面的指导和服务，包括对大学生行为和大学生群体的引导、为家庭经济困难学生提供资助服务、为毕业生提供就业服务等。为此，就需要通过科学的决策、计划、组织和控制，有效地利用学校的各种资源，包括人力、物力、财力、时间和信息等。学生管理是为学生的成长与发展服务的，同时，也是教育管理的重要内容。学生管理主要包括以下几项内容。

①入学管理。入学管理包括学生年龄、成绩、所在地等入学条件的规定，学区划定与招生学校的公布，招生政策的宣传，报名、考试和录取工作的安排，以及转学生、借读生的接收等。

②学习过程管理。学习过程管理包括考勤工作（检查、登记、统计学生的出勤、迟到、早退、缺课、旷课等情况及办理请假事宜）、课堂管理（确定课堂学习方法、维持课堂学习纪律）、课外辅导（以个别、小组或集体的方式，对学生进行针对性的辅导）以及学习成绩统计和分析等。

---

① 中国历史唯物主义研究会，中国社会科学院哲学所历史唯物主义研究室．马克思 恩格斯列宁 斯大林 毛泽东论历史唯物主义（中）[M]. 北京：北京师范大学出版社，1983.

③课外活动管理。课外活动管理包括课外学习活动（组织读书会、诗歌朗诵会、书法比赛、参观、展览等）、课外娱乐活动（组织话剧社、摄影社、音乐会、春游和秋游等）、课外体育活动、课外志愿服务活动等内容的管理。

④生活管理。生活管理涵盖了多个方面，其中包括对住校生的食宿管理、走读生的饮食管理，以及关于学生的课外生活指导等工作。

⑤卫生与安全管理。卫生与安全管理包括健康教育与安全教育的组织实施、学生卫生环境的维护与卫生常规的引导、学校安全问题的防范，以及学校卫生与安全事故的处理等。

⑥学生自我管理。学生自我管理涵盖了两个方面：一是通过建立健全团、队、学生会、班委会等组织，支持与指导学生进行自我管理：二是对于学生自己不能够独立做的事情，要通过相应方式听取学生的意见，让学生参与到学校管理中来。

（三）教育人员管理

教育人员主要包括三类：一是教育行政人员；二是学校管理者；三是教师。作为教育教学与教育管理活动的主体，教育人员管理的状况直接决定着教育管理与教育教学活动的效果。教育人员管理的主要工作有以下几项。

①教育人员职业标准的制定。这包括教育局领导、学校领导、教师等人员入职资格、基本素质、能力要求、工作职责、职业使命等内容的拟订与颁布。

②教育人员的培养。这主要指相关教育人员职前教育工作的管理，其涉及教师教育的规划与组织实施、教育干部培养机构的设置与管理等。我国目前教育人员的培养主要集中在教师方面，还没有建立针对性强、与教育人员任用机制紧密关联的教育行政人员和学校管理者的培养制度。

③教育人员的任用。教育人员任用的前提是确定岗位与人员编制，然后是任用方式的选择与任用程序的规定。其中，任用方式主要有派任制和聘任制两种，前者是政府委派的行政方式，后者是签订合同的法律方式；任用程序主要包括用人需求公告、报名与资格审查、考试（笔试、口试、操作考查）、确定符合条件人员、试用、确定正式录用人员并明确其具体工作等。

④教育人员的考核。这主要包括四项内容：一是制定不同教育人员的考核标准；二是明确考核标准制定及具体考核工作的程序；三是选择不同教育人员考核的方式方法；四是确定考核之后的奖惩及人员辅导与问题改进措施。

⑤教育人员的评薪评职。这项工作一是要明确各教育人员的工资及相关福利

待遇；二是要结合业务能力与工作表现，做好教育人员的技术职务评聘与行政职务晋升工作。

⑥教育人员的继续教育管理。这主要包括继续教育管理机构与实施机构的确定，继续教育参与人员、期限、内容、类型和方式的规定，以及继续教育成效的考察与评估等工作。

在学校中，教师不仅是学生的引路人，更是学校管理的中坚力量，他们肩负着教育和管理的双重责任。因此，教师与学校管理者之间必然存在着一种互动关系。教师并非被动地、盲目地、简单地接受，而是以积极主动的态度选择执行和接受学校管理者的指令，同时积极发挥作用并对学校管理者产生影响。这就决定了教师与学校管理者之间既有对立又有统一，二者缺一不可。在班级管理中，教师扮演着学生的管理者角色。在学校的各项事务中，教育教学发挥着至关重要的作用，而教师则是教育教学任务的主要执行者，同时也是教育教学过程中不可或缺的实际管理者。因此，学校管理工作必须以提高教师队伍素质为核心。学校管理者应当树立以教师为核心、以教师管理为支撑的理念，合理规划教师的工作，积极履行教师管理职责，建设具备高素质且科研能力较强的教师队伍，这是学校教育可持续发展的必要途径。

第二节　教育管理的过程与方法

一、教育管理的过程

（一）教育管理过程的相关理论

对教育管理过程的理论见解和主张，可以概括为以下几个方面。

一是主张从管理职能出发研究管理过程，从而形成了管理过程理论。在管理思想发展史上，法国管理实践家、管理学家亨利·法约尔（Henri Fayol）较早地确认了管理的职能，认为计划、组织、指挥、协调和控制构成了管理的基本职能，并认为这也是管理过程的基本要素。

二是主张引进系统论、信息论、控制论的观点研究管理过程。从系统论出发，有学者认为，教育管理过程实质上是一个为实现学校组织系统目标调整系统结构，有效发挥系统整体功能，使系统更适应环境要求的有序运动过程；从信息论出发，有学者认为，教育管理过程就是信息的输入、加工、存储、处理、输出的过程；从控制论出发，有学者认为，教育管理过程是一个施控系统对受控系统的有效支配和控制过程。

三是主张从管理者思维的角度研究教育管理过程。有学者认为，教育管理过程实质上就是管理人员的思维过程，即“感受信息—判断—决策”的过程。

四是主张以各项具体工作的管理过程为主研究教育管理过程。这种观点不主张对教育管理过程做抽象的和一般意义上的概括，而主张深入研究学校中的教学管理、德育管理、总务管理等各项管理工作的具体过程，并认为这才具有最适切和真实的意义。我国的不少教育管理学著作就是着重从这个角度来分析和阐述教育管理的具体过程的，而并不论及一般意义上的管理过程。

（二）教育管理过程的特点

1. 育人性

概括地说，教育管理过程是对学校管理对象进行管理的客观程序。具体地说，它是对学校中的人、财、物等进行合理调配、周密组织、精心使用，对受教育者施加教育影响，促进其德、智、体、美、劳全面发展，顺利实现教育目标的过程。教育管理的本质在于培育人才，因此它与物质生产部门的管理过程不同，它是一种对育人过程进行管理的过程。从学校大政方针的确定、规章制度的制定到思想政治工作的开展、教学活动的安排、体育卫生活动的进行、办学条件的改善等，都围绕着育人这个中心。所以，育人是学校管理的出发点。

青少年正处于身心发展的重要时期，他们可塑性和模仿力较强，因此，学校的所有管理措施和步骤都应以是否有利于育人为前提来做取舍。学校管理者的职责在于优化管理过程，精心安排学校各项工作。每一项工作都要讲究育人的实效性，那些与育人无关甚至对育人有害的活动应被杜绝；而那些看似在育人，实则是搞形式主义、“摆花架子”的做法也应被停止。教育管理过程的育人性还表现在发挥学生的主观能动性，并进行自我教育方面。学生既是管理的对象，又是自我管理的主体，因此，我们应善于调动学生主动学习、自我教育、自我管理的积极性，使他们成为学习的主人。

2. 动态性与可控性

教育管理过程是一种活动过程，学校全体成员都是在活动过程中发挥作用，把学校资源转化为能量，并形成成果。师生的活动过程，能量的转化过程，成果的形成过程，无一不是动态变化的。一旦出现静态，就意味着教育管理运行的终止，就意味着教育管理的结束。但是，并不是说只要教育管理处于活动状态，管理过程就是有效的。

动态性意味着教育管理具有多方向性。因为教育管理过程是多因素参与的活动过程，尤其是人的因素，其直接作用于管理过程，既可能把握管理的正确方向，也可能改变管理的方向。动态性意味着教育管理过程可能出现左右摇摆、起伏波动甚至倒退的现象，不是方向正确就可以保证教育管理活动一帆风顺。因为人类对教育管理过程规律的认识有限，当管理行为顺应了管理规律时，就能使管理过程顺畅而有效，反之则难免跌宕起伏。动态性还意味着教育管理过程的活动结果不是恒定不变的。管理效率是管理结果与管理投入之比，管理投入不变的情况下，管理结果越大，管理效率越高；在管理结果不变的情况下，消耗的资源越少，管理效率越高。在其他各项因素不变的情况下，只要时间在变化，管理效率就会逐渐下降。所以提高管理效率不仅涉及人、财、物的优化配置问题，也存在如何争时间、抢速度的问题。动态的教育管理过程是可控的。一方面，世界上万事万物都有一定的发展变化规律，教育管理过程也不例外。客观规律虽然不可控，但可以认识和利用。根据教育管理过程的活动规律来组织教育管理活动，就可以使教育管理过程受控于人的要求。另一方面，教育管理活动是人的意志活动，在很大程度上受人主观意识的左右。管理者可以通过确定管理目标，调节管理行为，改变管理资源的配置等方式，使管理过程为特定的目的服务。教育管理具有多方向性，但是正确的方向只有一个。要保证管理不偏离正确的方向，就需要对其加以控制。管理过程中各种资源也是可控的，管理的效益与资源的投入有关，更与资源的优化配置有关，资源配置就是一种有效的控制。控制论认为，管理过程就是一个控制过程，所以管理过程的成果，实质上就是控制的结果。

3. 有序性与可变性

教育管理过程的每一个周期都是由计划、执行、检查、处理四个环节构成的，四个环节的活动有一定的顺序。首先是计划，没有计划，管理行动就是盲目的，其次是执行，即把计划付诸实施。没有执行，再好的计划都不过是纸上谈兵。再次是检查，检查是为了掌握执行情况，没有检查就不能发现问题，积累经验。最后是处理，即处理检查中发现的问题。没有处理，检查就没有意义，下一周期工作的开展还会受到上一周期问题的困扰。管理过程四个环节环环相扣，首尾相连，构成一个封闭的环，缺少哪一个环节，封闭就会被打破，管理就可能出问题。教育管理的有序性的根本原因在于学生身心发展的有序性，在于知识结构的有序性。一如昼夜轮回、四季交替是自然规律的表现，管理过程的有序性也是管理规律的一种反映。有序性意味着管理环节不可颠倒错位，管理进程不可逆转。管理过程的有序性意味着管理程序不能遗漏任何环节，必须步步到位。前面的环节是后面环节的基础，后面环节是前面环节的深化，一步有失，步步受牵连。管理过程的有序性还意味着教育管理工作的稳定性。无论学校哪一方面的工作都得按四个环节进行管理，形成稳定的工作秩序。

管理过程的可变性不是要改变管理过程的有序性，而是相对于固定的管理模式而言的。上述管理四个环节的有序性是一种最基本的管理模式，在实际中，由于各方面的工作性质不同，要求不同，可以形成多种变式。就是同一种工作，在相同的要求之下，也可以有多种变式。例如，有些常规工作可以一边制订计划一边执行，不必静等计划尘埃落定。检查既可以待某一阶段工作完成之后进行，也可以边干边检查。处理也一样，既可以发现问题即时处理，也可以分阶段处理，还可以集中做一次性处理。管理模式的可变性是由管理因素的复杂性决定的，也是人类对管理规律认识的结果。

4. 周期性与连续性

教育管理过程的周期性是指教育管理过程是由不同环节构成的整体，这一整体及其环节总是循序重复出现，形成一个又一个周期。每一个周期都要完成一定的任务，实现一定的目标。教育管理过程的周期性是由学校工作的周期性决定的。学校每年都有毕业生离校、新生进校，年复一年重复相同的工作，并形成常规。如果常规具有科学性，循环运用就可以大大减轻管理的难度。但是周期性的特点并不意味着教育管理过程是一个简单重复的过程。周期性只是表明教育管理过程始终重复相同的环节，每一次重复意味着一次进步。就如车轮围绕着车轴循环旋转，每一次旋转就推动列车向前运行一定的距离，列车依靠车轮无数次循环而到达目的地。认识教育管理过程的周期性特点，可以使我们向管理规律接近一步，因为周期性当中蕴含着规律，周期性是管理规律的一种表现。

连续性是与周期性密切相关的一大特点。只要学校存在，教育管理就不会消亡，学校所有的活动都随着时间的推移向前发展，教育管理过程就会由一个个周期成为连续的过程，这就是教育管理过程的连续性特点。科学的管理要求管理过程必须具有连续性，连续是管理过程的理想状态。教育管理全程是无数个管理周期的连接，这种连接不是自然的连接，也不应是人为的连接。从表面看，是教育管理者计划安排和控制的结果，但真正的连续性应是教育管理者对管理规律的顺应。在实际管理中，我们经常可以看到，有的教育管理过程连续、平稳，有的则一波三折，上气不接下气，这就反映了管理者对管理规律的认识水平。管理过程的连续性特点要求管理周期具有衔接性。各个管理周期之间缺乏衔接性，管理过程的连续性就会受到破坏。连续性还意味着管理的规范性，无规矩不成方圆，管理的随意性越大，管理过程的连续性就越差。当管理具有规范性时，管理过程的连续性才能得以保持。连续性意味着管理过程的发展性。管理周期是循环的，但不是叠加的，不是原地踏步，而是螺旋上升。管理过程不连续，发展就会受到阻碍。

（三）教育管理过程的环节

1．计划

（1）计划的含义和作用

在管理工作中，计划是一种由管理人员预先制定的行动方案，它旨在为工作提供明确的方向。学校的各项具体事务都要通过计划来组织、协调、控制和监督。规划方案是所有教育管理工作的起点，同时也是确保教育管理活动成功的先决条件和保障，计划在教育管理过程中的作用，具体可以概括为以下三个方面：首先，计划本身能够激发人们的积极性和创造性；其次，计划具有协调和掌控的功能；最后，计划可作为一种科学的度量标准为评估提供有力支持。

（2）教育管理计划的种类

教育管理计划可以根据不同的分类标准进行划分。其中，根据实施时间的长短，教育管理计划通常分为长期和短期两类。长期计划也被称为战略，主要包括规划、远景规划等，它是一种全局性、战略性的发展计划，旨在规定在一个较长的时期内将学校发展成什么样子，达到怎样的规格和标准。通常来说，长期计划有十年规划、五年规划、两年规划等。短期计划则是长期计划在一定时段内的具体执行计划，通常包括学年、学期、月度和周度等方面的计划。根据计划的性质，教育管理计划可被划分为常规工作计划和专题工作计划，以便于更好地实现其目标。常规工作计划是指带有惯例性、周期性的一些工作计划，如学年计划、学期计划等。专题工作计划是指为完成某一项具有特殊性的专项任务而专门拟订的计划。按计划实施的范围，可以将教育管理计划分为学校整体计划、部门计划、个人计划等。学校整体计划是指统领学校各项工作的计划，它带有概括性、全局性和系统性的特点。一般而言，学校的战略发展规划就属于学校整体计划的范畴。部门计划是指学校内部各个部门制订的工作计划，常见的有教学计划、总务计划、基建计划等。个人计划是指每位教师、员工、学生自行拟订的工作或学习计划，如教师的个人进修计划、学生的学习计划等。

（3）制订教育管理计划的程序

制定教育管理计划时，通常需要按四个基本步骤进行。第一步是对综合信息进行深入分析和评估。科学的教育管理计划必须有充分的信息作为依据。学校领导在制订计划时，应注意：首先，呈现的是上一个管理周期的最终结果，以及现阶段学校内部的工作情况，这是我们需要深入探究的问题；其次，上级所传达的各种指导思想和基本要求，也是不可或缺的元素；再次，国内外同类型学校发展趋势和教育教学改革动态；最后，基于未来的经济社会发展状况和社会对人才的需求，我们需要进行科学的预测和前瞻性的分析。第二步是群众参与和民主讨论。在制订学校各项工作计划时，一定要避免“领导制订，群众执行”的不正确观念。有关学校事业发展的重大计划必须经过教职工充分的民主参与和酝酿讨论，努力做到从群众中来，到群众中去，集中起来，坚持下去。第三，对多种方案进行比较研究。由一种思路或一种方案而形成的计划往往不全面、不周密。事实上，在制订计划的过程中，任何一种设想或方案都是不完善的。因此，对几种方案进行比较研究，各取所长，融为一体，就可以使计划更全面、更合理。第四，深思熟虑、果断决策。决策阶段是计划形成的决定性阶段。对计划的拍板定案，往往体现为学校领导在对各种计划方案进行了认真的比较分析后所做出的抉择。在计划制订的过程中，既要防止过于专断和草率，又要防止因意见不一致而永无休止地争论下去。当计划酝酿到一定阶段时，学校领导就必须当机立断，择善而从，拍板定案。

（4）制订教育管理计划的依据

制订教育管理计划要有充分的科学理论依据和客观事实依据。这种依据主要来自以下四个方面。

首先，遵循党和国家的教育方针，严格遵守相应的政策法规开展工作，深入贯彻落实上级教育行政部门对学校工作的指导思想。教育管理计划绝不能在方向上，在教育方针、政策法规以及上级部门的宏观规划和指示精神方面出现偏差甚或背离，因此必须全面贯彻国家意志，严格落实地方政府面向教育事业发展的总体规划。

其次，必须建立在科学理论的基础之上。教育管理计划从制订的程序、步骤、方法，到指导思想和具体内容，都要有科学理论依据，为了不违背事物发展的客观规律，必须遵循教育规律并严格按照教育科学理论开展工作，除此之外，还需要明晰管理规律和管理科学理论，以确保教育管理计划的合理性和有效性。

再次，必须紧密结合本校的实际情况，以确保教学内容与学生的实际需求相符。教育管理计划是学校稳步发展的指导思想，其可行性在于通过不懈的努力探寻合理的发展方向。因此，教育管理计划的制订，既要充满雄心壮志，放眼展望未来；又要脚踏实地，密切结合学校实际，使计划既具有远景性又具有可行性。

最后，我们必须进行科学的预测，以揭示未来的发展趋势。教育管理计划作为未来行动的实践纲领，其所产生的问题与带来的影响是不容忽视的。因此，在制定方案时，我们必须科学地预测未来经济社会和教育事业自身的发展趋势，尤其是要充分预见未来社会的政治、经济、文化以及市场对人才的数量、质量、规格特征等方面的需求。只有这样，计划在实施若干年后，学校培养出来的人才才能符合经济社会发展的客观需求。教育是具有先导性和超前性的事业，因此我们在制订学校发展规划时，一定要具有前瞻性。

2. 实行

实行是指教育管理人员调动和运用各种资源来实施教育管理计划的活动过程。实行是教育管理过程的中心环节。实行阶段涉及的问题有很多。作为学校领导，在实行阶段应重点抓好组织、指导、协调和激励四方面的工作。

(1) 组织工作

组织工作的核心在于以下三个方面：第一，通过思想动员和统一认识，使全体教职工明晰计划的目标、任务、原则、方法等步骤，从而了解各自的定位，为之后工作的开展积蓄力量；第二，为确保人力、物力、财力得到恰当的调配和合理的安排，需要进行财务的筹集，以确保能够达到最佳效果。

(2) 指导工作

学校领导的职责不光是发指示、做决议，还应对实行过程中基层管理人员和教职工的思想、行为予以指导帮助。换言之，领导不仅要让工作人员明确干什么，而且当工作人员在执行过程中遇到困难、问题和障碍时，还要指导他们怎么干、如何干。

(3) 协调工作

学校的领导通过协调各方力量，推动实现共同目标，实现步调一致、协调发展的活动。在计划实行的过程中，由于学校的外在环境和内在因素都在不断发生变化，各种关系也都处于变化之中，因此必须通过协调工作来及时地加以调整和润滑。在教育管理过程中，协调工作主要有两方面的内容：一方面，需要协调处理执行情况与原计划之间产生的各种问题，以确保计划的顺利实施；另一方面则是在执行过程中，部门各成员之间需要进行有效的沟通和合作。

（4）激励工作

激发教职员工的工作热情，调动他们的积极性，进一步促进他们的创造能力的提升，是一种通过精神激励或物质奖励等手段实现的激励方式。

3. 检查

（1）检查的含义和作用

检查指的是教育管理人员对计划的执行情况进行监督和考核，以发现和解决计划执行过程中出现的问题，这是一项重要的活动过程。在实施的过程中，检查阶段是不可避免的演进阶段。

检查的功能和作用主要体现在：第一，可以对计划的科学性及计划的实施效果进行全面的评估和考察；第二，可以对学校领导人员和管理人员自身的工作能力、管理水平进行考核和评价；第三，可以对教职工起到考核与监督的作用。

（2）检查的方式及要求

学校领导人员的检查方式多种多样，包括巡视观察、考评打分、随堂听课、查阅教案等多种形式。

在开展检查工作的时候，需要做到足够客观，尽量减少自身主观臆想的干扰；应以公正为准则；要全面，不偏离重点；要实事求是，不弄虚作假；始终牢记依靠群众；面对问题，应该积极解决，而不是袖手旁观。

4. 总结

（1）总结的含义和作用

总结主要指的是对某个管理周期活动或是一个阶段的工作进行全面且细致的分析和综合评估的过程，它表明，一个管理周期就此结束，同时也预示着一个全新的管理周期的开启。做好总结工作极为重要，其重要性和作用具体体现在：第一，总结在两个新旧管理周期之内起承上启下的作用：第二，总结可以起到积累经验、探索规律的作用；第三，总结可以提高教育管理人员的管理水平。

（2）总结的基本要求

为了能够做好总结工作，应注意以下几点：首先，需要充分积累平时所需的信息；其次，务必将总结与计划进行对照，以确保二者的一致性；再次，强调对比和评估的重要性；最后，必须坚持总结规律和经验。

教育管理工作的规律性使经验上升为理性认识。教育管理活动的基本流程包括计划、实行、检查和总结这几个环节，这些环节有机地结合在一起，形成了一种有序的运作方式。所谓“四步”管理法就是按照这一原则进行工作的一种方法。

在整个管理过程中，计划是整个过程的起点；实行环节占据中心位置；检查就是对实行进行监督，进而合理反馈计划的执行情况，实施的监督和计划的反馈构成了检查的重要组成部分；总结是对计划、实行和检查的综合评估，是对其进行全面总结和归纳的过程。这四个环节相互关联，彼此渗透，互为促进，在各个阶段之间都存在着反馈回路，通过不断的反馈来确保教育管理过程在动态运行中保持协调与平衡。

（四）教育管理过程的优化

1. 学校管理的内部环境优化

（1）依靠全员管理学校

教育管理最重要的是要依靠全体人员管理学校，调动所有人的工作积极性。因此，要充分调动学校管理者、教职工、学生等的主动性和积极性，发挥管理育人、教书育人、服务育人、自我教育的作用。

（2）完善各种机构，建立和健全规章制度

学校的组织机构是教育管理的主要手段，完善的组织机构是学校管理成功的必要条件。为此，要实现学校人力、物力、财力等因素的最优组合，必须建立和完善组织机构。此外，还必须建立和健全各种规章制度。

规章制度是教育管理的重要手段，其内容有：从宏观上讲，党和国家、上级教育行政主管部门制定的规章制度；从微观上讲，主要是学校制定的规章制度，如学校工作人员职责、部门管理制度、学生课堂常规、学生纪律守则、教学工作制度、图书室实验室管理制度等。

要制订科学、合理、可行的规章制度，使教育管理科学化、制度化；处理好制度的相对稳定与适时修订的关系，将民主管理与科学管理以及动态管理与静态管理结合起来，以收到最佳的办学效益。

（3）创设良好的育人环境

教育管理活动总是在一定的环境中进行的。环境是进行管理活动不可缺少的条件。教育管理活动的职能就是利用一定的教育设施和环境教育学生。良好的育人环境对于陶冶情操、启迪思想、激励情感具有重要作用。育人环境分为物质环境和精神环境。物质环境包括地理位置、建筑设施的空间排列顺序、颜色搭配、绿化、清洁卫生、空气、光线等。良好的物质环境不仅表现在教育设施的造型、空间关系上，而且还表现在建筑设施与其他设施的协调上。典雅明快、新颖别致、造型奇特的建筑物，无疑会激发学生的想象力、创造欲望。而办公大楼、教学大楼、宿舍食堂、运动场、校办工厂，绿化带等的合理分布、自然协调、实用经济，又会形成一个美好的序列结构。清洁的校容、优美的校园、新鲜的空气、充足的光源、安静的环境，会激发师生乐观的情绪，使其形成健康向上的生活态度。

学校的物质环境优化可看作一种“硬件”优化，精神环境优化则是“软件”优化。精神环境包括校风、学风、教风、人际关系、生活方式、价值取向、精神状态等。它涉及课堂教学、社团活动、闲暇活动，以及教室、办公室、俱乐部、图书馆、食堂等多个场所。良好的校风、教风、学风，和谐的人际关系，积极的生活方式，良好的文化娱乐方式等对于增加学生的知识、活跃其生活起着巨大的作用；不良的校风、教风、学风，错误的舆论导向，消极的生活态度，枯燥的文化娱乐方式等导致不良习惯得以滋生和蔓延。校风与人际关系是学校精神环境的重要组成部分，对师生影响极大。因此，要创设良好的校风与保持和谐的人际关系，以及用教师良好的榜样作用和学校的优良传统来教育人。

2. 学校管理的外部环境优化

（1）优化政治经济环境

教育受政治经济制度的制约。政治制度的变迁、经济发展的水平及人民生活的水准，都从宏观上影响着教育，也必然影响着学校管理过程。故要大力加强物质文明和精神文明建设，改革和完善不适应社会发展的制度，保证实现人民的民主权利，健全法制规章，深化各方面的改革，建立具有中国特色的、充满活力与生机的经济体制，促进社会生产力的发展。同时制定、颁布、健全政策法令，尤其是关于教育工作的法规法令，为我国教育事业的发展、学校管理的顺利进行创造良好的政治经济环境。

（2）重视教育理论的学习和研究

学校教育管理与教育理论研究有密切的联系。教育理论为学校管理活动的开展提供了理论依据。学校领导者要认真学习教育理论，端正教育思想，明确培养目标，提高教育理论素养。

（3）优化社会环境

想要顺利进行学校管理，提高效率，必须从整体上优化社会环境，尽可能优化学校周围的社区乃至乡镇、市、县的社会环境，创造有利于学生健康成长的环境。利用积极的社会因素克服消极的社会因素的影响。

学校本身应当采取切实有效的措施，最大限度地发挥社会各界教育力量的作用，如与周边的乡镇、街道、文化教育单位等建立紧密的联系，逐步构建起学校与社会之间相互协作的教育模式。

二、教育管理的方法

（一）教育管理方法的含义

教育管理方法是教育管理者运用多种手段、形式、途径和工具，以实现管理目标、完成管理任务、实施管理活动的一系列综合手段。它包括计划、组织、领导、激励等方面的内容。有效地协调和控制管理系统的矛盾运动，是管理活动的本质所在，需要采用恰当的方法和手段。管理的基本职能就是通过各种管理手段达到预定目的。管理活动的构成要素之一即管理方法，它是贯穿于整个管理过程的核心要素。它不仅直接影响管理工作的效果，而且对整个组织机构乃至整个社会都会产生重大而深远的影响。要实现管理目标，管理者必须创造并应用一套管理方法和艺术，这些方法和艺术取决于管理状况。所谓管理活动，实质上就是一系列管理方式方法的创造和运用的过程。管理方法渗透和存在于一切管理活动之中。在广义的视角上，管理方法是一个高度复杂、层次分明、结构有序的庞大系统。管理系统是各式各样的，管理方法也是多种多样的。

（二）教育管理方法的特点

1. 目的性

教育管理方法存在的目的在于为学校的管理工作的最终目的提供服务，每一种方法的运用都有其具体的目标。

2. 多样性

多样性是指教育管理方法多种多样，针对不同的管理对象，需要采用相应的管理策略。

3. 灵活性

教育管理方法需要根据管理工作的目标、对象、时间、空间等客观条件加以运用，以期达到最佳管理效果，有时针对某一目的、对象采用某种方法，有时多种方法同时使用，有时某种方法也可能以不同的方式出现。

（三）教育管理的常规方法

1. 行政方法

教育管理的行政方法与政府部门的“行政”既有联系又有区别。联系表现在，教育管理中运用行政方法的手段和形式与政府部门有相同之处，即要通过建立组织机构，下达行政指令，依靠行政领导权力、权威作用的发挥等来实施和维系管理活动。不同的是，政府部门的行政管理活动是对国家公共事务的管理，而学校行政方法的运用仅是指对学校内部事务的管理。基于以上内容，我们可以准确描述教育管理的行政方法，主要是指通过行政组织和使用行政手段对学校进行管理的方法。换一种说法可以是，在学校中，通过行政机构拥有的合法权利和影响力，采用各种行政手段，如命令、规定、决议等，根据行政科层的组织系统管理学校的种种事务。

学校内部运用行政手段以实现有效管理，既反映了国家对学校教育事业发展的干预和介入，也说明了教育管理的组织形态、运行机构、常规手段等与政府部门之间有相近、相同之处。在实践中，不能把教育管理与教育行政管理割裂开来。

在教育管理工作中，运用行政手段有很多优点。首先，它能促进民主集中制的实施。明智地运用行政手段，可以既确保充分实现民主，又能够达到高效的集中执行。为了实现特定目标和发挥特定功能，学校作为多元化社会系统，需要在运行过程中保持高度的一致性，确保意愿和行动相互配合。为了达成共识并执行政策，需要采用行政手段来协调思想和命令。尤其是当一所学校的工作出现软、涣、散的局面时，采用强有力的行政方法来加以整合治理，往往可以收到其他方法所无法替代的显著效果。其次，行政方法有利于管理职能的发挥。管理的基本职能有计划、组织、指挥、协调、控制等，这些职能可以在运用行政方法的过程中得到淋漓尽致、充分有效的发挥。最后，借助行政手段可以更好地应对新的情况和问题，采取及时有效的灵活措施。在学校工作中，经常会遇到突发事件和矛盾情况。如果不能立即有效地应对这些突发事件或矛盾，就很可能会对整个学校的工作产生负面影响，甚至危及学校的安全与稳定。在此情形下，使用行政手段进行干预或处理通常会迅速见效。坚强有力的行政方法往往可以使问题迅速得到解决，使局面快速得到控制。

2. *法律方法*

法律是国家制定和批准的一系列行为准则，反映了统治阶级的意志，并通过国家的强制力来保证其落实。法律的概念包含广义和狭义两方面，其中狭义的法律指的是由国家立法机关颁布并且公民必须遵守的行为规范。法律不仅涵盖国家立法机构颁布的法律，还包括各级政府及其职能部门制定的具有法律效力的规定、条例、政策等，此外还包括由各种法定社会组织自行制定的规章制度。人们常说的法治是通过制定和实施法律规范来调节人们行为的一种法律手段。教育管理活动所涉及的法律法规有三个不同层面的内涵和意义：一是由国家权力机关制定和颁布的教育法律，如全国人民代表大会常务委员会颁布施行的《中华人民共和国教育法》《中华人民共和国义务教育法》《中华人民共和国教师法》《中华人民共和国高等教育法》等；二是由中央人民政府和地方人民政府及其教育行政部门制定颁布的各项教育政策法规；三是由各级各类学校根据国家的教育法律法规及上级的指示精神所制定的切合本校实际的各种管理规章制度，运用法律方法管理学校，就是指依据国家的法律法规，并通过制定和实施校内各项管理规章制度来约束学校成员的思想、行为的一种方法。

在教育管理中运用法律方法具有很多优点。首先，它有助于推进教育管理工作的规范化和秩序化建设，从而提高教育质量和效率。由于法律法规、政策、制度、纪律等是调节人们行为方式的一种规范，因而在教育管理中运用法律方法，就可以促使学校内部的各项工作走向法治化、规范化、秩序化。否则，如果失去了这些规章制度保障，学校内部的教育、教学、总务、后勤等各项工作就会因缺乏规范而陷入无序状态，继而导致教育管理工作混乱。不以规矩，无以成方圆，讲的正是此等道理。其次，运用法律方法管理学校有助于促进教育管理工作的稳定性。由于法律方法具有高度的概括性和抽象性，因此也就决定了其具有相对的稳定性。只有在相对稳定的状态下，学校各项工作才能平稳推进，持续加强，取得成效。最后，运用法律方法有助于推进教育管理工作的公平和民主。公平、正义、民主是现代社会管理所追求的基本价值取向。法律方法的基本特点就在于无论是亲近还是疏远，一视同仁。因此，在教育管理中运用法律方法，无疑可以使整个管理过程公平、公正和民主，即一切都照章办事，在规章制度面前人人平等。

法律方法运用于教育管理之中也存在着一些局限性。在现实生活中，人们的行为特征以及行为产生的原因总是十分复杂的。法律方法强调的是对所有的人和事都应坚持同一性、普适性原则，即一视同仁，并主张应尽可能缩小和限制管理主体的自由裁量权。这种特性决定了当遇到一些特殊案例或意外事件时，便很难做出富有弹性和灵活性的处置。

3. 思想教育方法

宣传教育的方法也就是思想教育方法。这个概念是关于教育管理的方式，它强调了管理者应该依靠真理、科学和道德信念，通过合适的思想与态度，激发人们的情感并塑造他们的行为，从而对学校成员的思想、情感和行为进行管理。由于学校是传播知识、塑造人格、陶冶情操的场所，因此在教育管理活动中采用思想教育方法具有重要意义。

与行政方法、法律方法和经济方法相比，思想教育方法最显著的一点就是它能够从人的内心深处发现问题并解决问题，因此一旦成功，其带来的影响将是深远的。教师或学生如果因教育管理者的宣传教育和引导劝解而发生思想观念和行为的转变，那么这将会对其一生的成长和发展产生巨大的影响。因此，思想教育方法是能从根本上解决问题的一种方法，它非常适宜在以教书育人为目的的教育管理活动中被广泛运用。

当然，思想教育方法也存在着一定的局限性。这突出表现为：其一，耗时长、见效慢。当教育管理工作面临一些迫在眉睫的问题时，单纯运用这一方法很难立即见效；其二，要求管理主体具备高素质和高水平。如果管理者在思想交流中不能达到与被管理者相同或更高水平的认识，那么这种方法可能无法产生期望的效果；其三，由于塑造和改变个人的思想观念是一个非常复杂的过程，因此这种管理方式并不适用于所有被管理者，也就是说，思想教育并非适用于所有情况。

在教育管理工作中，我们应当充分发挥思想教育方法的长处，同时避免其不足之处，以达到最优效果，同时要注意配合行政方法、法律方法、经济方法等的综合运用。

4. 经济方法

经济方法是指运用经济手段和措施，依照经济规律和原则进行管理的方法。经济方法是指在企业组织中，根据价值规律、市场供求关系以及人们的经济需求等因素，运用成本核算、利润统计、员工工资和奖酬发放等手段，来实施和维系管理活动的一种方法。应用经济方法可以在教育管理领域中实现期望的目标，主要包含以下三个方面的含义：一是争取办学资源、核算办学成本；二是运用经济手段来管理学校的产业；三是运用经济手段满足学校成员的物质需求，通过奖惩机制激励人们的思想和行为，以激发学校成员的工作积极性和学习热情。

经济方法把职工的劳动报酬与劳动绩效密切挂钩，强调多劳多得、优劳优酬，这在很大程度上有益于充分调动人的积极性。在目前我国社会主义市场经济充分发展、人的经济理性普遍彰显的现实背景下，应用经济方法来管理学校更具有时代意义。

第三节　教育管理的学科基础

一、马克思主义理论

哲学是关于世界观和方法论的学科。任何学科的研究都脱离不了哲学的指导。因此，教育管理作为一门综合学科同样离不开哲学的科学指导。

我国社会主义发展不能离开马克思主义哲学的指导。不论是教育管理实践活动的具体操作，还是对教育管理科学理论体系的构建，都应当在马克思主义理论的科学指导下进行。因此，要想把教育管理学的学科基础阐释清楚，在教育管理学领域，我们必须深刻认识到马克思主义哲学的重要作用。

（一）马克思主义哲学内涵

马克思主义哲学是基于实践的辩证与历史的唯物主义。它是涉及世界的本质、存在和发展普遍规律的科学，也是一门探讨人类本质、存在以及个体全面发展的科学。德国古典哲学对马克思主义哲学理论产生了深远的影响。马克思主义吸收了费尔巴哈哲学唯物主义的核心理念，并对其中的形而上学成分进行了批判性继承；继承了黑格尔哲学辩证法思想的中心部分，抛弃了它的唯心主义理论与内容。马克思、恩格斯（Engels）根据科学材料和实践经验，对这些内容重新整合、构建与发展，以实现唯物论和辩证法的有机结合，将唯物辩证的自然观和历史观紧密地融合在一起，创立了全新的马克思主义哲学。马克思主义哲学是截至目前人类历史上最具科学性的哲学体系。因为在它之前，很多理论都是把唯物主义和辩证法相分离，没有认识到二者的内在联系。马克思主义哲学创新性地将唯物主义和辩证法相结合，发展出了辩证唯物主义。同时，马克思主义哲学也首次在社会历史领域得到应用，将唯物辩证的自然观与唯物辩证的历史观有机地统一起来，形成了历史唯物主义。历史唯物主义是马克思主义哲学的中心思想，也是该理论必不可少的组成部分。

（二）马克思主义哲学对我国当代教育管理学的意义

马克思主义哲学一经问世就受到了全世界无产阶级和进步人士的热爱，由于它具有科学性与先进性，对20世纪的整个世界都产生了极大的影响，推动了人类的进步与发展。在21世纪，马克思主义哲学依然产生着巨大的作用和价值，马克思主义哲学对我国的社会主义事业建设具有重要的指导意义，其中，马克思主义哲学在我国教育管理学理论建设和实践探索中的价值体现在如下几个方面。

1. 由我国的教学性质决定

我国是社会主义性质的国家，因此，应当接受马克思主义哲学的理论指导。在这一理论的指导下，培养社会主义事业的建设者和接班人，完善社会主义的相关制度，发展社会主义的政治经济，增强综合国力。因此，只要我国社会主义教育事业的性质没有发生改变，马克思主义哲学始终要作为我国教育事业的理论指导；要构建具有中国特色社会主义的办学模式和教育管理模式，同样就必须坚持以马克思主义哲学为指导；要建设符合中国国情、适应时代要求的科学的教育管理理论体系，也离不开马克思主义哲学的指导。

2. 提高我国教育管理科学水平的实际需要

马克思主义哲学为人类解决各种问题提供了科学的方法，并正确揭示了社会历史发展的规律以及本质。所以，我们应该在自然以及人类社会发展客观规律的基础上，坚持理论联系实际的原则，一切从实际出发、与时俱进、实事求是，构建科学的教育管理科学理论体系。需要注意的是，在构建该体系的过程中，必须坚持理论与实践的紧密结合，才能丰富和发展我国教育管理学的科学理论体系，才能不断提高我国教育管理实践的科学化水平。

3. 防止以马克思主义哲学来取代教育管理科学的倾向

马克思主义哲学作为一种理论依据，为我们提供分析问题和解决问题的世界观和方法论，但是并不是所有的实际困难都能够依靠它解决。苏联的政治家、革命家米哈伊尔·伊万诺维奇·加里宁（Mikhail Lvanovic Kalini）就曾指出："马克思主义给予必要的方法，而在你管理和主持的部门，在你领导或教授教育学的地方，你还应该充分地研究你所主管的科学。只有当你研究了这门或那门学科，并且在这个部门以亲身工作去研究的时候，你才将充分地和有成效地掌握辩证方法。"① 同时，马克思主义哲学也强调，任何学说或者真理都是绝对真理和相对真理的辩证统一，它们只是在特定的时期内是相对真理。因此，我们一方面要坚持马克思主义理论的指导，另一方面也要考虑新的历史条件下所出现的各种实际问题，机动灵活、富有创造性地运用马克思主义理论，要在发展中继承马克思主义。

二、系统论与控制论

20 世纪四五十年代所发展起来的系统科学是对"三论"（系统论、信息论、控制论）的统称。它主要揭示了各门学科的特征及它们之间的联系，研究自然现象和社会现象的共同规律和法则。科学界通常将其称为"横断科学"（即研究的是诸多学科的横剖面）或者"亚哲学"（即仅次于哲学的学科）。"三论"的提出是科学发展史上的重要里程碑。人们考虑问题的角度、研究问题的方向都随之发生了相应的变化。它成为自然科学、社会科学和技术科学之间的纽带和桥梁，将现代科学的各个学科都紧密地联系在一起，使其成为一个整体。此外，人们的认识领域也有了进一步的开拓，从最初的认识实物，到后来的认识事物之间的普遍

① 加里宁．论共产主义教育和教学[M]. 陈昌浩，沈颖，译．北京：人民教育出版社，1979.

规律和联系，人们认识世界的范围逐渐扩大。对于“三论”的研究成果，许多科学研究领域都能够使用，并且以此作为理论指导。“三论”中的信息观念、系统思想、反馈观念等，对人类的发展具有积极的指导意义。因此，教育管理学中，成功地运用“三论”是非常有必要的。这里重点研究分析“三论”中的系统论和控制论。

（一）系统论

系统论是一门研究系统的原理，它不受具体物质形态的限制。理论生物学家贝塔朗菲（Bertalanffy）率先开创了这一理论。20 世纪 30 年代，他提出了“一般系统论”；20 世纪 40 年代，他又发表了《关于一般系统论》的论文，为系统科学的产生奠定了坚实的基础。一般系统论对早期的系统理论研究产生了重要的影响。它主要揭示自然、社会、人类思维三者之间的联系与差别、方法和规律，用科学的方法来解释系统的相关特征。

20 世纪五六十年代以后，系统工程学逐渐出现。系统工程学是一门跨学科的综合性科学，旨在运用一般系统论的原理和方法，解决各个具体领域中系统的实际问题。它综合了多门学科的知识和方法，包括数学、工程学、计算机科学、经济学、生物学等，以实现对复杂系统的有效管理和控制。系统工程学的研究范围广泛，包括系统规划、设计、分析、优化、控制等方面的理论和实践。它的应用领域也非常广泛，包括工业、交通、能源、金融、医疗、环保等各个领域。持系统论观点的学者认为，自然和社会都是一个普遍联系的整体，不管是自然还是社会又都普遍存在着内部的小系统，也就是说，任何事物都可以看作一个系统。既然不同的事物处于同一个系统中，那么它们也就遵循着同一个规律和法则。系统论的最大作用就是用来揭示这些规律和法则的，它对组织管理的形成与发展产生了重要的作用。因此，系统工程学可视为组织管理学的分支。同时，也可将该领域视为新兴的组织管理学。

1. 系统的概念

系统的定义为：系统是由多种要素组成的，执行特定功能、达到特定目的有机整体。结构也是系统论中较为重要的一个概念。从哲学的角度来看，物质的联系方式就是结构，这与系统论的观点基本是一致的。系统论认为系统中的要素的联系方式也是结构。系统是由结构构成的，物质的结构由联系构成。结构在系统要素中起到了连接的桥梁作用。

2. 系统的共性

系统的共性是指所有系统共有的属性。这些属性主要体现在以下几个方面。

（1）有序性

结构处于有序的环境中才能发挥作用。一方面，系统中的各个要素，根据各自的地位和层次关系分别产生不同的作用，并且构成了不同级别的母系统或子系统。系统具有无限性的特征。例如，就自然界而言，总体上有宇宙观、宏观、微观之分，而微观又有分子、原子、粒子等层次。另一方面，系统的结构确定之后，系统中的物质、能量、信息的流通和转换是以一定的渠道有序进行的。

（2）整合性

系统并非由单一元素所构成，而是由两个或多个元素相互交织而成的复杂整体。若是只注重其中的一个方面，是构不成系统的。

（3）相关性

系统内各要素都不是孤立存在的，而是互相联系和互相制约的。其中任何一个要素发生变化都会引起其他要素乃至整个系统发生变化。

（4）整体性

系统中的各个要素相互联系、相互作用，形成了统一联系的有机整体。这种整体性不仅体现在系统的构成方面，还体现在系统中各个要素的发展都是以整体的发展为方向和目标的。系统的要素在重新排列组合后，就具有了原来要素不具备的新功能和新特点。系统的目标和属性也是通过整体性来表现的。

3. 系统的特性

根据系统的特性，可以将其分为无机系统、有机系统和人类社会系统三个部分。这也是对系统由低级到高级的一个层次划分。通常来说，高级系统特有的属性就是系统的特性，高级系统具有低级系统的属性，但低级系统并不都具有高级系统的一些属性。所以，系统的特性其实是指人类社会所特有的属性。系统的特性主要表现在以下几方面。

（1）目的性

无论是生物系统还是社会系统，它们都是具有明确目的的系统。所有的子系统都为了整体的目标而运作。以社会系统为例，每个人作为一个小单元，共同构建了复杂的社会。人类在社会中追求与自然的和谐发展，以实现长期的可持续发展目标。

（2）环境适应性

根据系统理论，任何系统的环境都是由不同的子系统构成的。这些子系统在整体的环境作用下能够进行自我调节和控制。例如，生物系统和社交系统都具有适应外部环境的能力，并能够进行自我调节。

（3）环境改造性

环境改造性是社会系统所特有的属性。自然界的生物不具备这种属性，它们只能被动地适应环境。而社会系统中的人有主观能动性，具有改造环境的能力。人类的生产生活活动都是对环境进行的改造。

（二）控制论

美国数学家诺伯特·维纳（Norbert　Wiener）是控制论的创始人。标志着控制论的诞生的是他在1984年出版的《控制论》一书。随后，这一理论得到了进一步的普及和推广，在经济、生物、工程、神经等学科领域相继出现了与之相对应的控制论。

控制论主要是要求系统的自动调节和控制，使整个系统处于一个有序发展的状态中。控制论是神经生理学、电子技术、自动控制、无线电通信、生物学、数量逻辑、统计力学等多学科互相渗透的一门综合性学科，它通过理论概括和总结，将信息各方面的共性进行汇总，最终塑造出一套通用的语言、概念、模型和方法，以适用于各个学科领域。

1．控制的概念

控制论最基本的概念就是控制。控制一词最初来源于古希腊的“掌舵术”。所谓控制就是系统接收了外界信息后，使内部的各项资源可以合理流通，以达到最初的目的。合理流通是指系统内要素流通的种类、数量、方向、速度、时间、效率、准确性等达到了运动的最佳状态。简言之，为了达到某种目的而进行的自我调节的活动就是控制活动。具备以下基本条件中的一个就能对过程实现控制：系统必须具备多种发展变化的可能性，目标状态是发展变化的可能状态之一，具有必要的使系统向目标状态转化的能力。

2．控制论的主要贡献

控制论的主要内容就是研究各种系统控制过程的基本原理。它所做出的最大贡献，就是对这一过程进行反馈。所以控制论的核心内容就是反馈原理。

反馈就是回馈的意思。控制论中的反馈可以被称为回授，意思是系统的指令中心对输出信息执行情况的再回收。系统在向既定目标运行时，要持续地进行调节和控制，因为系统的内在环境与外在环境是不断发展变化的，想要达到目的，反馈就必须做到位。因此，反馈是控制的基本前提和条件。具体来说，系统在下发指挥命令之后，实际情况会有一个不断变化的过程，因此命令不是一次性的，它应该是在实际的发展过程中不断变化的，并且通过合理的反馈方式将情报收回，重新修订和完善指令，使其在实践的运用中更加合理、科学。任何的控制过程都必须经过无数次的反馈和调节才能达到最终的目的。

在控制论看来，反馈可以分为正反馈和负反馈两种。正反馈是与原定目标差距更大的一种反馈。它破坏系统原有稳定状态，增加了系统的不稳定性。负反馈正好相反，它是与原定目标更为接近的一种反馈，增加了系统的稳定性。通常情况下，负反馈的应用最为广泛，它在教育、管理、人体及其他各种自动调节系统中都有所体现。

控制论提出了控制的基本方法也是一大贡献。主要从以下四个方面进行阐释。

（1）黑箱方法

复杂系统中仍然存在不可观察或者不可控制的变量，人们不能对其进行直接的观察与解剖，只能通过黑箱的方式进行研究，主要是采用观测、观察、实验及建立模型等来研究其属性。

（2）信息方法

系统中的信息处于不断的变化之中，因此要研究系统的功能就要研究系统中的信息。信息方法揭示了机器、生物机体和社会活动等不同运动形态之间的信息联系。

（3）功能模拟法

功能模拟法暂时忽略系统内部的各个要素，而将重点放在整个系统的功能属性上，描述并模拟其对外部影响的反应方式。通过研究模型来认识原型系统、预测系统的未知行为和功能。功能模拟法在整个研究领域发挥着不可替代的作用，为现代科学技术的发展奠定了坚实的基础。

该方法对传统的科学研究是一次大胆的突破与挑战，打破了传统思维方式和研究方法的束缚，揭示了技术系统与生命机体以及社会系统之间的共同控制规律。它为解决新问题提供了方向，引发了人们对于思维方式的思考和社会变革的探讨。例如，电脑模拟人脑的诞生对当今社会产生了深远的影响。

（4）人机对话法

计算机是在人类的操纵下完成各项任务的。人类向电子计算机输入指令并且通过它转达指令信息，从而控制系统做有目的的运动。人机对话的方法可以使计算机代替人来完成某项工作或者活动，这样人类可以有更多的时间去做其他的事情，创造更多的财富。在使用计算机输入指令的过程中，主要是使用相应的数学模型来进行规划和研究的。数学模型法即通过对被控系统的技术要求、性能指标

（目标、任务、要求）等进行数学分析，给出数学表达，并且在试验法、综合法、统计法的基础之上，建立能够反映系统变量之间相互关系的数学模型（数学关系式）的一种方法。当这种数学模型被输入计算机之后，人们就可通过人机对话系统进行不同参数的模拟试验和分析比较，从而选择出最佳参数，进行最优决策。

三、当代教育管理学与相邻学科的关系

（一）教育管理学与管理学

管理学是研究人类管理活动现象，并找出其规律的科学。在我国，教育管理学在现行的学科与专业目录划分之中，已经被明确列为管理学下面的一个二级学科。公共事业管理是其所从属的一级学科。因为教育管理学研究的是教育领域里的管理问题，所以，管理子领域的一些成果尤其是管理科学所揭示的人类管理活动的一股原理、原则和方法，就可以被应用到教育管理学当中。因此，教育管理活动既受到教育规律的制约，同时也受到管理规律的制约。就研究的成果来看，教育管理学必须以教育学和管理学的已有研究成果为理论基础和研究依据，并在此基础之上进行更深入的研究。从实践的效果来看，教育管理活动要想取得实质性的成果，必须遵循教育与管理的双重规律。忽略其中的任何一个方面，教育管理学的研究都是不科学的，也是不完善的。

（二）教育管理学与教育学

尽管教育学与教育管理学的研究对象和侧重点有所不同，但它们都属于教育科学这一学科体系。

教育管理学主要是通过相应的管理目标和方式来培养高素质人才，研究对象主要集中在教育领域。所以，教育管理学的基本理论依据是由教育科学，特别是教育学原理的已有理论构成的。例如，教育学所揭示的有关教育的基本规律、教学规律、德育规律以及教育、教学的原则、方法、组织形式等，对教育管理学研究和教育管理实践活动都具有普遍的理论指导意义。依照教育学所揭示的内在规律和原则促使全部教育活动有规律地开展，是教育管理学的最终目的。所以，教育管理学必须把教育学的相关理论和规律收为已用，在借鉴教育学的研究成果上发展自己相应的理论。

（三）教育管理学与心理学

心理学是研究人类心理现象和心理活动规律的科学。在教学管理活动中，最

主要的就是人与人之间的交往，人既是教学管理活动的主体，又是教学管理活动的客体，因此对人的心理进行分析就显得十分重要。整个教育管理活动都是人参与的过程，包括管理者、被管理者、直接的参与对象（学生）等。这就要求教育管理活动必须与心理学的内容相联系。

《礼记》中说道："人藏其心，不可测度也。美恶皆在其心，不见其色也。"[①] 因此，在教学管理活动中最难以捉摸的就是人心。教育管理者想要让自己的行为得到大家的认可，就必须掌握心理学的相关内容，揣摩人的心思。比如，要想提高学生的品德和思想，就要掌握学生的心理活动规律；要想调动教师的积极性，就要掌握教师的心理。知己知彼，百战不殆，我们可以看到心理学在管理活动中的重要作用。

（四）教育管理学与统计学

统计学是从数量方面研究随机现象总体特征的理论与方法的学科。统计学一般分为两类：一类是数理统计，主要以概率论为基础，对反映事物特征的数量关系进行抽象，概括出统计数据分析的模型、一般原理和方法；而另一类则是应用统计学，即将数理统计的原理与方法在自然和社会各领域中加以应用。作为教育管理者，要想对整个体系进行系统的研究，就必须掌握统计学的相关方法，只有运用了这些方法，管理者才能对研究数据进行系统的处理，并得出有效的结论，以此作为参考，根据本校的实际情况制定相关的管理制度，依此来具体指导教育管理实践活动，使教育管理实践活动更加符合教育规律和社会发展规律。由此看来，教育管理活动与统计学的研究息息相关。

---

① 崔高维．礼记[M]．沈阳：辽宁教育出版社，2000．

第二章　教育管理思想的演变与发展探究

本章主要介绍的内容是教育管理思想的演变与发展探究，共分为三个方面，分别为我国古代的教育管理思想演进、国外教育管理思想演进和现代管理理论和教育管理发展。

第一节　我国古代的教育管理思想演进

一、稷下学宫

在公元前2000多年前，我国就已经建立了一套完整的文化知识传授机制，即学校。随着学校的不断演进和变革，人们在学校管理领域所积累的经验也越来越丰富，稷下学宫便是其中值得一提的学校管理范例之一。学校创办之际（距今2300多年）正处战国时期，当时的齐国君主为了网罗天下人才，在齐国都城创办了稷下学宫，欢迎一切学术交流活动，官方并不会对其加以干预。稷下学宫的教学过程融合了讲学、著述、育才等多种元素，形成了一种综合性的教学模式。讲学包括讲演、讨论、辩论等活动，为学校主要教学形式。著述则为活跃学术研究气氛，稷下学者著作宏富，著名的如《孙卿子》《公孙固》《捷子》等。育才是办学的目的，学校对学生的饮食起居、衣着服饰、言行举止、尊师敬学等都提出了严格要求。对于成功讲学著述者，学校设祭酒、博士、先生等各种学术职衔，如荀况曾三次被祭酒，齐国君主则授爵封卿，给予其优厚待遇，又如孟轲、荀况都曾被尊为卿，如此而使学者们免于生活所累，全神贯注于学术研究。在稷下学宫，人们在宽松的学术环境、严格的教学管理和优越的物质条件下成长，这些因素共同营造了一个良好的人才成长环境，这对战国中后期的政治和学术活动的发展产生了深远的影响。

二、《学记》

（一）关于学制与学年的设想

在《学记》中，作者秉持着儒家德治精神，强调教育的重要性，主张按照行政建制从中央到地方办学，以建国君民、教学为先的理念为指导，即“家有塾，党有庠，术有序，国有学”①，这一理念指导着人们不断开展教育改革。根据《学记》的规定，学校的教育年限被划分为两段、五级、九年，前一段叫做七年四级，而完成后则被称为“小成”。之后是二年一级，完成之后被称为“大成”。在这些分段中，我们可以发现最早的年级制设想，它为我们提供了一种全新的认知方式。

（二）关于教学管理的主张

《学记》中所体现的教学管理思想表现在以下几点：

①注重入学时的教育。《学记》规定必须将入学时的教育作为重要的教学管理环节看待。在开学这一天举行盛大的典礼，届时，皇帝将率领大小官员，和教师、学生共同祭祀至圣先师。

②在教学过程中必须进行相应的训诫仪式，如当听到鼓点时，应当打开书筐开始上课等。

③每年夏季，皇帝都会亲临学校视察，以彰显国家对教育事业的高度重视。

④教学方式多样，包括课堂授课、课外活动和自习，注重学习与休息的平衡。

⑤“学不躐等”②，教学应当根据学生的年龄特点，合理制订学习计划，确保不会超越其所处的等级限制。

⑥推行严格的考试制度，自第一年结束后，每隔一年进行一次考核，并由主管学校的官员亲自主持。

三、先秦诸子的教育管理思想

春秋战国时期，诸子风起，学派纷呈，一派学术繁荣、百家争鸣景象。在众多学者的著述或论说中，不乏管理及教育管理方面的真知灼见。

---

① 稚子文化．礼记[M]．北京：化学工业出版社，2019．

② 同上．

（一）儒家的教育管理思想

儒家教育管理思想有着十分丰富的内涵，从总体来看，其目标就是培养“治国”的人才，并据此目标，提倡“仁”“礼”等，主张将个体的个人修养与治理国家的才能相结合，主张依据伦理秩序进行有序管理等。下面分别从儒家的“人本”管理思想与教育人本管理，儒家的“礼治”管理思想与教育组织管理，儒家的“以教化民”管理思想与教育目标管理，儒家思想所倡导的“为政以德”的管理理念，以及儒家中庸之道的管理理念和教育过程管理这三个方面，来探讨儒家教育管理思想的重要价值。

1.儒家的“人本”管理思想与教育人本管理

儒家管理思想十分重视人的作用，强调以人为核心进行管理，富含浓厚的人本思想。例如，孔子提出“民无信不立”（《论语・颜渊》），统治者必须赢得人民的信任；《孔子家语・哀公问政》记载：“哀公问政于孔子，孔子对曰：‘政之急者，莫大乎使民富且寿也。’公曰：‘为之奈何？’孔子曰：‘省力役，薄赋敛，则民富矣。’”要将使人民富裕、健康作为为政的要事。孔子还指出“道千乘之国，敬事而信，节用而爱人，使民以时”（《论语・学而》），指出“爱民”是国家安定、富强的重要条件。孟子也提出“天时不如地利，地利不如人和”（《孟子・公孙丑下》），战争胜负的决定因素在于军事行动中如何以人民为中心，如何赢得他们的信任和支持；还提出“民为贵，社稷次之，君为轻”《孟子・尽心章句下》），提醒统治者重视民众，以人民为中心。儒家所强调的是，要积极培养具备有效管理能力的人才，使其在治理国家的过程中发挥至关重要的作用。例如，荀子认识到“法不能独立，类不能自行；得其人则存，失其人则亡”（《荀子・君道》），以历史上朝代的兴盛为例，彰显了具备卓越才华的君主的重要性。孔子提出“举直措诸枉，能使枉者直”（《论语・为政》），聘任具备卓越才能的人才来治理国家，可以引导邪恶之徒走向正途。荀子还提出“有治人，无治法”（《荀子・君道》），“有良法而乱者，有之矣，有君子而乱者，自古及今，未尝闻也”（《荀子・王制》），强调能够制定并推行实用之法的人才是管理的根本。

儒家思想的核心在管理中融合了“民本”思想和“人治”思想，形成了一种综合性的管理理念，体现为“仁者爱人”（《孟子・离娄章句下》），强调以“仁”来为政、做人以及处理人际关系等。在治理国家的过程中，君主必须以人民为中心，关注人民的疾苦和需求，高度重视民心，方能赢得人民的信任和支持。

儒家的“人本”管理思想为教育管理提供了理论支持和实践方向。教育组织作为培养人才的机构，其管理者和被管理者都是人，因此应当注重人性化管理。教育管理旨在有效地管理教师和学生，其中的教师具备高度的职业责任感和职业认同感，而被管理的学生也有着成为未来国家建设的支柱的潜力。在教育管理中，必须把人放在核心位置，注重展现教师和学生的价值，关注师生的需求，并根据管理对象的特征来实施管理。在以“仁”为准则的前提下，促进师生之间、组员之间、教育组织与社会之间的和谐关系；在教育管理过程中关心师生，由此就会赢得他们的信任与支持，从而塑造积极的组织文化和氛围。在教育管理者和教师的选拔过程中，应坚持以能力为唯一标准，让具备能力的人担任相应职位，让每个人发挥最大能力。

2. 儒家的“礼治”管理思想与教育组织管理

儒家思想的另一个核心在于“礼”，它是儒家重要的治理工具之一。儒家强调以“礼”来建构社会秩序，形成严格的等级，使每个人各司其职，各尽其才，社会秩序分明。具体来说，“礼治”的管理思想主要包括以下内容：

（1）宗法人伦等级秩序

建立以伦理为准则的社会秩序，以确保社会中不同职位的人都能够各司其职，从而确保社会有序运转。例如，《孟子·滕文公上》提出“使契为司徒，教以人伦：父子有亲，君臣有义，夫妇有别，长幼有序，朋友有信”。董仲舒创造出新儒学，提出了三纲、六纪、五常，进一步强调以伦理制度保障社会的有序运转。

（2）礼仁结合

儒家思想强调以仁为基石，建立礼的秩序，并以礼为保障，实现仁的内涵表达。例如，孟子提出“仁之实，事亲是也；义之实，从兄是也。智之实，知斯二者弗去是也；礼之实，节文斯二者是也”（《孟子·离娄章句上》），强调礼是实现仁、义、智的重要保障。

（3）礼法结合

儒家不但对礼仪有足够的重视，而且也从未忽视法律在治理国家中的重要作用，主张将法与礼有机结合，以达到治理国家的目的。必须综合运用法规制度、道德领导和礼治等手段，而不是过度依赖法律、刑罚等手段来管理民众。

（4）儒家的“礼治”

儒家的“礼治”管理思想相对于周礼有了更大的改进，特别是在用人方面，强调为贤是举，使有能力的人才在位谋政，且职、权、责一致，维护好礼的秩序。儒家的“礼治”思想不仅强调外在的约束，还十分重视与教育相结合，使“守礼”内化为人们的自觉行动，强调建立有序的社会组织，注重制度规范在管理中的作用。此外，儒家还强调在明确的管理体系上，通过融合仁的理念进行管理，这些思想对现代组织管理有重要的启示作用。在注重人文价值的教育机构管理中，我们应特别关注以下几点：首先，应在教育机构的构建过程中，优先考虑建立规章制度。明确定义各自的职责范围，统一管理权限，使组织架构明晰有序，成员责任明确，形成合理的管理等级与秩序。其次，在组织管理中需要注重将制度管理与以人为本的管理相结合。如果过度依赖制度管理，组织会变得僵化不灵活，以至于柔性不足；过分依赖民主管理，忽略规章制度的规范作用则会出现一盘散沙。因此借鉴“礼法”结合、“仁礼”一致的思想，将外在的规章约束与组织成员内在的自我约束结合起来，会更加有利于对组织进行充分且有效的管理。最后，在组织成员的管理中重视管理教育的作用，应将任人唯贤、人尽其才与管理教育相结合，以维护组织机体的良好运行，营造组织发展的良好环境。

3.儒家的“以教化民”管理思想与教育目标管理

儒家思想强调通过教化民众来实现国家的安定和繁荣，教育在其中扮演着重要的角色。为了实现“经国治世”的目标，我们通过教育手段来培养领导者，并积极促进人才的成长，进一步强调治理国家不但需要有“平天下”的前提，同时也需要以“齐家”为基本条件和以“修身”为基础。培养大批有管理才能的人才，能使国家的统治得到稳固，实现“以教化民”[①]的治理目标。

在管理的实践方面，孔子在开办私学时，依据教育的目标组织学校机构，以《诗》《书》《礼》《乐》《易》《春秋》等为教材进行教学，采取多样化的教学方式，充分表现学生管理的作用，将管理目标与学生自身的目标充分结合，促使学生将自身理想的实现与教育的现实进行深入结合，激励学生树立理想并进一步提高自己的能力，为成为优秀的领导者奠定基础。其中蕴含了目标管理的思想。

在进行教育管理的过程中，必须特别留意以下几个方面。

①确立教育管理的目标。教育的社会服务功能决定了教育管理以培养人才为目标进而提供社会服务的特点，因此，在教育管理的目标确定上，必须考虑将教育管理的目标与社会对人才的需求相融合，以制定一套符合国家要求的人才标准。

②对教育管理目标进行精细化的划分。教育管理目标必须细化为教育组织中各个层次的具体目标，以及教育组织成员的个人目标，使组织目标与个人目标结合起来，发挥目标的引领、激励、控制功能。

③将教育管理目标与教育管理对象的目标有机结合，以实现教育管理功能的全面提升。只有这样，教育管理才更有效果，才能更好地发挥激励作用。

---

① 刘华荣．儒家教化思想研究[M]．北京：中国社会科学出版社，2018．

（二）道家的教育管理思想

先秦道家教育管理思想以老子、庄子的思想为代表。如果将儒家教育管理思想归为人治主义，道家教育管理思想则可归为天治主义。道家教育管理思想在我国的历史中，也扮演着十分重要的角色，汉初的“文景之治”就是运用道家教育管理思想实现国家安定和谐的典型事例。其实，大凡朝代初立或干戈刚息之时，道家“清净”“无为”的管理思想，往往会得到统治者的青睐。下面主要从道家思想关于管理的环境、管理的谋略、管理的人本思想及管理的辩证思想等方面来论述其对我国教育管理的启示。

1.“重道”“清静”思想与教育环境管理

《老子·道德经》在第一章中就开宗明义地提出“道可道，非常道”，以“道”为至高无上的准则，并以此为自身行为的指导原则。老子所提倡的“道”为“法自然”之道，是在天地出现之前就存在的，“人法地，地法天，天法道，道法自然”（《老子·道德经》第25章）。因此，我们可以认为，事物的发展方向和过程是由客观存在的规律所决定的，这些规律与自然运行相一致。在社会治理的进程中，道家始终秉持着以“道”为核心的理念，主张“清静为天下正”（《老子·道德经》第45章），主张顺应规律，使人、事、物自然和谐地发展，而不应该过分干涉。道家这种追求清静、自然的理念，不仅对于古代王朝的重农重税、休养生息有好处，也对塑造良好的管理环境、建设和谐的管理氛围有着重要意义，特别是对以人来管理人，并以人为管理的最终产物的教育管理来说，更应汲取这一理念的精华，塑造良好的管理环境，促进教育组织的良性发展，促进组织群体关系的和谐发展。教育组织应该认识到，在教育管理过程中，需要深入研究教育对象的特征，以及教育管理的内容与方法等，并根据相应的规律来开展教育管理工作。教育管理者以科学管理理念为指导，学校以符合教育规律的办学理念为准则。此外，应重视打造一个注重宁静自然、融合民主宽松氛围的管理环境，为组织成员打造广阔的发展空间。在教育管理的过程中，应遵循教育管理的规律，创造让师生良性发展的硬环境与软环境。完善管理的外环境，塑造管理的内环境，对于实现教育管理的目标十分重要。

2.“无为而治”思想与教育领导管理

道家思想在追求“道”的前提下，强调“无为而治”，认为“道常无为，而无不为”（《老子·道德经》第37章），即“道”没有“为”的私欲贪利动机，因而没有什么不能完成。这里的“无为”是指不为“不当之为”，强调通过“无为”

实现“无不为”；倡导爱民，不生事于民众，使天下归心；认识到了以滋事扰民的行为取得权力，反而没有办法使人心归附的规律，即“取天下常以无事，及其有事，不足以取天下”（《老子・道德经》第48章）。所以说，“无为而治”可以被解释为顺从自然发展规律，根据事物的自然发展采取适当的行动，而不是强行进行不当的干预，这样最终可以实现自然治理的目标。

“无为而治”是道家思想的核心，对领导者提出了严格的要求。领导者不仅需要具备个人修养，还需要具备高超的智慧和谋略来管理组织，并最终实现治理的目标。其具体要求是需要保持谦虚和谨慎；需要保持冷静客观，不让个人情绪对组织的引领造成负面影响；需要摒弃贪婪、焦躁和争斗的心态，要以包容和温和的态度对待他人。因此，教育管理者必须具备高素质和熟练的技能，并且遵循教育管理的规则来进行管理。此外，他们还应该注重应用管理策略，采取“无为而治”的方式，使管理过程更为和谐，从而实现管理目标。

3．“爱民”思想与教育人本管理

“爱民”思想是道家管理思想中极为重要的组成部分，主要体现在以下几方面。

（1）重视“人”的价值

道家学派认为“故道大，天大，地大，人亦大。域中有四大，而人居其一焉”（《老子・道德经》第25章），还提出“圣人常无心，以百姓之心为心”（《老子・道德经》第49章），在这里，道家认为圣人本身并没有私心，他有着广博的胸怀，十分重视人的尊严与价值，体现出了人本思想，并且，道家还十分反对发动战争，如老子强调“以道佐人主者，不以兵强天下。其事好还。师之所处荆棘生焉；大军之后，必有凶年。善有果而已，不敢以取强。果而勿矜，果而勿伐，果而勿骄，果而不得已，果而勿强”（《老子》第30章），即认为循“道”辅佐君主者，不以兵力逞强于天下。

（2）公平的思想

《老子・道德经》第5章提出“天地不仁，以万物为刍狗；圣人不仁，以百姓为刍狗”。他认为天地、圣人都是无私的，对一切万物、百姓一视同仁。道家还主张使人尽其才。《老子・道德经》第27章指出“善行无辙迹；善言无瑕谪；善数不用筹策；善闭，无关楗而不可开；善结，无绳约而不可解。是以圣人常善救人，故无弃人；常善救物，故无弃物”，即认为圣人常常善于使人尽其才，所以没有被遗弃的人，常常善于物尽其用，所以没有被废弃的物品。

道家“爱民”的思想，特别是其朴素的人本思想、公平思想，可以为人本管理提供深刻的启示。在教育管理的过程中，不能忽视教师、学生自身的需要，应该以师生之“心”为“心”，将组织的成长与教师、学生的发展加以联系，以满足师生的需求。在教育管理的过程中，除了注重效率，更应该倡导公正，以确保每个人都能享有平等的机会和待遇。

（三）法家的教育思想

法家教育管理思想的核心是以“法”为本进行管理。这一思想对教育组织的建设有重要的意义，主要体现在以下几个方面。

第一，依据法律规定建立完善的组织架构和规章制度，以提升组织管理效能。法家将“法”视为国家存亡、强弱的关键因素，强调“国无常强，无常弱。奉法者强，则国强；奉法者弱，则国弱”（《韩非子·有度》），认为君王（领导者）是否能依法办事，关系到国家的安危、强弱。执法者能够杜绝谋取私利，严正地执行国家法律，人民就会安居乐业，国家就会安定团结；能去掉谋求私利之心而克己奉公，国家就会强盛，敌人就会虚弱。另外，君王（领导者）依靠个人的能力去治理组织是有很大的局限性的，因此，以“法”来治理不仅可以有效弥补“人治”的不足，同时也是更为高效的治理手段。

第二，重视法律实施的公平公正，发挥依法管理的效力。法家将“法”作为治理国家的最高依据，强调“法不阿贵，绳不挠曲”（《韩子·有度》，法度不偏袒有权有势的人，就像墨线不会向弯曲的地方倾斜一样，还有“刑过不辟大臣，赏善不遗匹夫”（《韩非子·有度》）、“法之所加，智者弗能辞，勇者弗敢争”（《韩非子·有度》）、“动无非法”（《韩非子·有度》），这样才能实现社会治理的目标。

第三，法规的制定和宣传同等重要，必须深入挖掘其内在价值，让其在人们心中根深蒂固，以创造良好的法治管理环境，如法家强调在立法后，要“布之于百姓”《韩非子·难三》，使之深入人心；还要“以法为教”（《韩非子·五蠹》）进行普遍的法制教育，以实现唯法为治的目标。

法家注重建立法律制度，提倡以法治国，追求法律实行的公正、公平。他们认为，要确立和普及法律制度，必须将宣传、教育与法制实施密切结合。这一思想适用于传统教育管理以及现代教育组织建设。在现代教育组织的建设中，应该明确组织机构的权利和责任，并制定明确的规章制度。同时，通过宣传和教育使组织成员深入了解和认同规章制度，从而在常规管理中依据规章制度实现公平、公正的管理。

四、隋唐的教育管理实践及教育管理思想

在中国古代教育史上，隋唐时期是教育蓬勃发展的重要时期。在这个时期，我们能够看到我国古代教育管理实践已经相当成熟，从制定文教政策到建立教育管理体制，从学校管理制度的规范到科举考试制度的确立，都充分反映了这一时期的教育管理水平。

隋唐时期采取了“崇尚儒学，兼容佛道”的文教方针政策，前者包括尊孔立庙、学术治国、兴办儒学学校等内容；后者包括宣扬佛道学说，提倡和利用佛教、道教等内容。这一文教方针政策适应了当时社会发展的需要，为隋唐时期形成光辉灿烂的文化提供了基础。

隋唐时期已形成较完备的教育管理体制，我国古代社会日渐形成了相对完善的教育系统，上有中央的教育管理机构、国学设施，下设州县教育管理机构、府学县学，上下连成一体，形成了庞大的教育制度。隋唐时期教育事业的管理机构由中央教育行政管理机构和地方教育行政管理机构组成，它们担负着不同的职责，具有不同的权限。而在教育行政管理机构设置方面，隋朝废止了原本以司徒、太常担任教育行政长官的制度，改为了设立国子寺。国子寺是专门管理学校教育的中央教育行政管理机构，并设立了最高教育行政长官——祭酒。这一改革在中央教育行政方面起到了重要的作用。在隋文帝时代，国子寺中安排了一个祭酒负责管理教育事业，下设主簿和录事等职位各一人。隋炀帝大业三年，改国子寺为国子监，从此拉开了中国古代教育史上设立中央教育管理机构与管理官员的序幕。到了唐代，国子监仍旧是专门从事全国教育行政管理事务的中央行政机构，主要负责管理“六学”及广文馆。国子监隶属于礼部，而礼部掌管着天下贡举方面政令的制定与发布，故成为实质性的全国最高教育行政机构。同时，在国子监之外还设置了一些其他特殊的教育管理机构，如专门管理宫廷贵胄教育系统的管理机构，它们成为中央教育行政管理机构的重要补充。隋唐时期实行了州县二级制来管理地方教育。636 年，唐太宗把全国分为 10 道，唐玄宗于 733 年又改 10 道为 15 道，道逐渐成为州以上的一级行政区划。这样，唐朝的地方行政就演变为三级，即道、州、县。州设立府尹、州刺史及少尹、别驾、长史、司马等官职，县设立县令、丞、主簿、尉等官职，其主要职责是“总治民政”“劝课农桑”“宣扬教化”，同时担负着创办、管理地方教育机构等职责。唐代的地方教育长官是长史，负责管理州、县设立的官学，同时负责主持地方官学中的学生考试。司功参军也属于主管地方教育机构的官职，负责官吏考察、学校兴办等事宜。

在隋唐时期，教育管理制度已经达到了相当完备的程度，从学生到毕业生，都有一套系统化的规章制度，如中央官学规定，学生从14～19岁开始入学，入学之初要行拜师礼，以示尊师重道之意。学校每年要举行三种形式的考试：旬考、岁考和毕业考。放假也规定为旬假、长假等形式。由于隋唐官学教师都是政府品官，故教师的品秩、待遇、职责等也有严格规定，不同品秩的教师在经济待遇上差异很大。对教师的考核一般是一年小考，四年大考，考核成绩分三级九等，写有考评，当众宣读，考核结果与晋升、奖惩相结合。为维护教学秩序，政府还颁布了一系列法规以规范学校管理，如《唐令》中的《学令》，《唐六典》也通过法规形式对学校公共管理进行影响，并借此诞生了部分对应的制度。隋唐时期的教育管理制度和方法对宋、元、明、清的教育管理实践产生了重大影响。

隋唐在教育管理制度上有较大建树，特别是建立了以科举制度为核心的教育管理模式。相形之下，在教育管理思想方面却没有多大突破，值得一提的是王通和韩愈的教育管理思想。在教育思想上，王通继承了儒家传统的教育理念，提出了一套道德教育的原则和方法，包括穷理尽性、推诚主静等，为理学教育思想的开创奠定了基础。《续六经》为其主要创作之一。王通认为魏晋以来的执政者背弃了王道，故处于乱道，他说："古之为政者，先德而后刑，故其人悦以恕；今之为政者，任刑而弃德，故其人怨以诈。"[①] 他把周公和孔子视作楷模，心怀远大志向，希望在当时的社会中成为类似于周公和孔子的伟人，重现王道政治。他主张，领导者在治理国家时应遵循君子之道，学习周公的治国思想。如果自己没有机会担任官职，就应该学习孔子，或是撰写书籍，或是讲授学说。教育是实现王道政治理想的关键措施之一，培养人才是国家兴盛的根本决定因素，而政治得失的关键在于教育成果的质量高低。如果想复兴王道，就必须注重教育，以仁慈为基础来进行教育，这是实施王道的先决条件。他认为，为了实行王道，参政可能不是唯一的策略。自魏晋南北朝时期起，佛、道、儒三个教派在文化教育领域的竞争呈现出日益激烈的趋势。在隋朝统一中国的过程中，王通提出三教合一的构想，指出应以儒家思想为主要基础，特别是注重道德教育的儒家思想，应作为教育的核心所在，王通主张以儒家的六经为基本教材。同时，需要吸收佛教和道教中的优秀元素，摒弃其中的不良内容。王通认为佛教和道教都蕴含着很多宝贵的知识和智慧，需要加以批判地吸取和应用。在王通看来，采用强制手段来禁止佛教和道教，如北魏太武帝和北周武帝所做的那样，会适得其反，引发更多的反对声浪，使问题变得更加严重。所以说，我们可以采纳其中有益之处，以增强儒家思想的

① 笑寒．古代名言精选[M]．成都：巴蜀书社，2001．

凝聚力，实现三教合一的理念，并确立一个中心，从而让异端思想得到消解。王通的三教合一的教育管理思想，在宋代理学中得到了更加深入和完整的发展。

韩愈长期从事教育工作，有比较丰富的教育思想，对教育管理亦有一些独到的见解。韩愈认同儒家强调德治的理念，视教育为最重要的政治工具。他提倡强化学校教育，让其成为灌输封建道德观念的核心，认为其也是培训封建官员并进行德礼教化的机构。因此，需要进行全国范围的人才选拔，并将他们集中在国家层面进行严格的培训，以培养其成为支持封建礼教的核心力量。韩愈担任国子监祭酒后，为了充分发挥学校教育的作用，采取了加强学校管理、对国子监进行整顿等措施。首先，他进行了招生制度的改革，将入学的等级限制稍作放宽，扩大了招生范围。其次，他对学官的选任进行了严格把关，以实际才学为标准进行选拔，从而确保学官符合条件。最后，他进行更严格的教学管理，确立了规范的教学秩序，从而让逐渐荒废的国学获得新生，使师生之间能够相互探讨学术，培养品德，形成全新的风尚。

五、宋代教育家朱熹的教育管理思想

在我国教育发展历程中，宋代具有独特的地位，因为这一时期教育思想异常活跃和丰富，涌现出一大批有影响的教育思想家和实践家，王安石、胡瑗、朱熹、陈亮、叶适等就是其中杰出的代表。朱熹是南宋时期理学思想的集大成者，他的教育思想和实践对后人的影响极大。中国古代很早就把学校教育划分为“大学”和“小学”不同的阶段。朱熹在总结古代教育经验的基础上，根据人的年龄和心理发展的特征，明确地把学校教育划分为大学与小学两个阶段，并且规定了大学、小学的入学年龄、教育目标、教育内容和修业年限。他在《大学章句序》中指出：“人生八岁，则自王公以下，至于庶人之子弟，皆入小学，而教之以洒扫、应对、进退之节，礼、乐、射、御、书、数之文；及其十有五年，则自天子之元子、众子，以至公、卿、大夫、元士之适子，与凡民之俊秀，皆入大学，而教之以穷理、正心、修己、治人之道。此又学校之教，大小之节所以分也。”[①] 他把小学教育和大学教育看作统一的教育过程相互衔接的两个阶段。教育的总体目标是培养圣贤。学生要在小学阶段下功夫，打好基础。大学教育是小学教育的深化和提高，是在圣贤坯璞基础上“加光饰”，进一步精雕细刻，把他们培养成优秀的治国之才。大学的重点是在小学“学其事”的基础上以“明其理”，即按照格物、致知、正心、

① 郭嵩焘．大学章句质疑 中庸章句质疑[M]．北京：朝华出版社，2018.

诚意、修身、齐家、治国、平天下的步骤，使其“明明德”，最后达到“止于至善”的目的。

朱熹认为，教育作为治国之本，关系着一国的生死存亡，是朝廷治理国家的头等大事。他希望最高统治者能以《大学》为治国的纲领，推行教化，改良士风。他希望当朝皇帝承担起“万民之师”的责任，实施并管理好全国的教育。

朱熹倡导在教育管理过程中应尽量积极诱导学生。他认为义理是教育之本，规章约束是教育之末。他主张在坚持正面教育的同时，也肯定管理规章制度在教育管理中的作用。

六、洋务运动和戊戌变法时期的教育管理

洋务运动和戊戌变法时期，通常是指19世纪60年代初至20世纪初的40年。这一时期是中国半殖民地半封建社会逐步形成的时期，也是资本主义教育在我国的萌芽和发展时期。在教育管理实践方面，这一时期最值得关注的是新式学堂的创办。由于受西方资本主义教育制度的影响，这一时期全国各地陆续创办了30余所新式学堂，如外语学堂、军事学堂、科技实业学堂等，特别是在1898年成立的京师大学堂，既是当时存在的各种新兴学校的最高学府，又是面向这一类学校的最高教育行政管理机构。新式学堂实行与旧制完全不同的学校管理方式，其中之一就是扩大了招生范围。第一，只要符合条件，任何人都可申请进入新式学堂学习。第二，在正式招收学生之前，需要进行文化考试和选拔审核。第三，一些现代化学校还提供职业培训课程。第四，引入担保人机制，即学校出于保障学业和经济利益的考虑，要求所有学生都要有担保人，若学生在学习期间未完成学业就单方面退学，学校可以向担保人追偿学校的经济损失。第五，面向所有学生推行分配制度。简单来说，在新式学堂接受教育之后，毕业的学生通常不能自由选择自己的职业。他们必须按照学以致用的原则，接受由国家主导的集中分配。第六，严格按照教学管理规定进行管理。在新式学堂中，学生需要遵守严格的规定来进行学习，包括但不限于报名入学、转学与退学，以及升级与留级、选课和考试等方面。由此，我们能够明显地看出，新式学堂的管理模式已经十分贴近现代教育的管理模式。新式学堂在教师管理方面也做了不少创新。对大多数教师采取聘任制的方式，先签订合同再录用，聘期管理也更加严格。以上关于教育管理方面的改革为我国在20世纪后期建立现代学校教育制度提供了便利。

第二节　国外教育管理思想演进

一、古希腊教育管理模式及教育管理思想

若想探究西方教育管理的历史，古希腊便是恰当切入点，而在古希腊的城邦国家中，斯巴达和雅典影响最为深远。斯巴达采用的是一种中央集权的教育管理系统，政府全面主导教育，教育完全由行政部门掌控，教师和督学的选拔来源是高级行政官员。为了培养学生的道德素养，政府特别安排了备受尊敬的长者对学生进行全面免费的道德教育。早在公元前 6 世纪，雅典当时的执政者梭伦就颁布了有关的教育法令，法令规定：双亲必须照管孩子的学习；国家为战争遗孤支付学费；指定学校的视导员；确定学校的规模、教育对象、开学及放假时间；委派教员，明确责任；确定学生在校时与成人交往的方式；成人不得进入学校；等等。不过，雅典的治理者展现出了卓越的智慧，他们并未主张国家对教育过度干预，因此在法令中未对学校的教学科目和教学方法施加任何限制，政府提倡以多种形式办学，尊重人们选择教育机构和教育方式的权利。在雅典，绝大多数初等教育学校是私立学校。在这一类学校当中，内部的治理环境相对宽松，为学生提供了更加舒适的学习环境。斯巴达和雅典所推行的两种有着明显区别的教育管理模式，对于后来西方教育的演变，特别是教育管理体制集权的分化，有着十分重要的影响。古希腊人在教育领域中建立了较为完善合理的教育制度，为后世留下了教育理论瑰宝。

苏格拉底（Socrates）一生都在探究，但他述而不作，并未为后世留下任何文字材料。他的教育思想散见于他的弟子柏拉图（Plato）和色诺芬（Xenophon）等撰写的回忆录中。在苏格拉底看来，人生下来的天赋是有区别的，但不管这种区别多大，后天的教育与训练可以使人的素养得到改善，他说："无论是天资比较聪明的人或是天资比较鲁钝的人，如果他们决心要得到令人称道的成就，都必须勤学苦练才行。"[①] 苏格拉底反复强调教育的目的在于培养国家需要的德才兼备的人才，他应具有良好的品德，多才多艺，具有建设和保卫祖国的志向和本领。

在苏格拉底看来，教师的作用只是引导，因此他在教育学生时不是把问题的答案告诉给学生，而是佯装自己一无所知，向学生求教一些有趣的问题，让学生

① 色诺芬．四忆苏格拉底[M]．北京：商务印书馆，1984.

充分表达自己的见解，当学生说出的答案有错时，他不是马上纠正，也不指出错误所在，而是提出一系列补充性问题，使学生自己逐步认识到自己答案的错误所在，并在指点之下获取正确的认识。这就是历史上著名的苏格拉底法，也叫作苏格拉底产婆术。这种方法有利于教育者调动学习者的积极性，使他们在积极主动参与的学习活动中获取知识，也有利于学习者认识能力的提高，帮助他们形成主动探究的习惯。

苏格拉底在通过这种方式进行谈话时，往往是从对方所熟知的具体事物和现象出发的，进而得出结论，因此苏格拉底被亚里士多德（Aristotle）称为归纳法之父。后世的启发法便是由此方法发展而来的，西方教育界普遍认为苏格拉底是现代启发式教学方式的创始人。苏格拉底并没有形成系统的教育思想，但他关于教育问题的见解直接影响了他的弟子柏拉图、色诺芬等，并对西方近现代教育的改革与发展产生了重大的影响。柏拉图同意苏格拉底提出的“知识即美德，无知即罪恶”的观点。[①] 他说，如果我们赞同苏格拉底的这个观点的话，就可以看出未受过教育的人在品德方面是不完善的，通过教育可以帮助人们获取知识、发展智慧，帮助他们成为国家所需要的人。他认为教育在改善人性方面，在消除社会危机、促进社会变革方面具有巨大作用，国家的统治者必须重视发展教育，要建立面向全体国民的教育制度，为理想国培养管理者和保卫者。

柏拉图从教育在建设理想国过程中的巨大作用出发，强调国家应该创办学校和管理学校，反对把教育交给私人管理。按照柏拉图的观点，公民的子弟为国家所有，他们的养育和教育就要由国家负责。在柏拉图看来，国家的任何事情，无论是建设国家还是保卫国家都不是由男性独立完成的，没有女性参与国家事务是不完善的。因此柏拉图强调在理想国的教育中，不能忽视对女子的教育，强调要让理想国的女性和男性一样，接受同等的文化知识教育和音乐、体育训练。柏拉图在继承古希腊教育智者派、苏格拉底等教育遗产的基础上，高度重视教育在建设国家、促进社会发展中的作用，提出了创立理想国教育体系的设想，他的教育学说丰富和发展了自苏格拉底以来古希腊的教育思想，对西方乃至全球后世的教育改革产生了重大的影响。

亚里士多德的教育思想主要散见于其代表作《政治学》和《伦理学》之中。亚里士多德高度重视教育在教化民众、培养人才方面的作用。他认为要把国家建成文明幸福之邦，除了要大力发展本国经济，还要依靠教育的力量使本国民众具有良好素养，他们应该既具有远大的抱负，又勤劳善良，自觉遵守国家的法律和

① 李雪．每个人身上都有太阳：跟苏格拉底学幸福观[M]．北京：北京工业大学出版社，2015.

秩序。他认为一个国家的统治者应该高度重视教育的作用，要用法律的手段促进国家教育的发展，保障国家所有的人都能够享受同样的教育。

亚里士多德在继承苏格拉底、柏拉图等人教育遗产的基础上，创造性地提出了教育要适应自然，要通过博雅教育促进人的和谐发展，这对西方教育的改革与发展产生了重大的影响。

古代西方另一位值得一提的人物是古罗马时期唯一留下系统教育著作的教育家昆体良（Quintilianus)。除大多数教育家都坚信的那些教育思想，如教育在人的形成中起巨大作用等，并且，在教师教学和学生管理这两方面，昆体良也通过研究，结合自身经验，提出了一些观点。根据昆体良的观点，教师应该由具备良好道德与高超才干的人担任，因为德行是成为合格教师的首要条件，其次则是学识，教师需要做到善待学生并熟练掌握教学技巧。昆体良认为，在教学管理方面，专业教育应该建立在充分掌握广泛的普通知识的基础之上，而不应急于求成。不应该只让某一门学科被连续教授，而应该交替进行各学科教学。同时，要考虑学生的不同，采用因材施教的方式进行教学。在学生管理方面，昆体良强调了体罚和让学生过度疲劳这一类问题的坏处。在他看来，对于学生来说，体罚只会带来耻辱，无法有效地培养他们的道德和品德，还会对学生的心理产生负面影响。学生学习时应注意劳逸结合，不可过度，合理安排学习和休息的时间，利用游戏适度恢复体力。昆体良的深刻见解，在西方教育管理思想史上具有重要的影响。

二、文艺复兴时期以人为本的教育管理理念

14 世纪至 16 世纪末，在经历漫长的黑暗时代后，在西欧，文艺复兴运动为教育注入了新的活力，而以人为本的理念则成了这个时代教育管理思想的主流。以人为本的教育理念，致力于培养身心健康、全面发展的个体，这一目标是与中世纪通过教育培养压抑人性、盲目服从上帝和教会的人的目标是存在较大的冲突的。为了践行这一教育理念，维多里诺（Vittorino）先生在意大利创办了一所名为“快乐之家”的学校。在这所学校里，维多里诺改革了课程，扩大了学习内容，努力使教育过程适应儿童的天性和个别差异。在管理“快乐之家”的过程中，维多里诺采用了多种教学形式，如游戏、演说、短途旅行、体育、绘画等，他主张推行自由教育，提倡学生进行自我管理，减少过度惩罚，禁止采用体罚手段。维多里诺的卓越教育实践对欧洲未来的教育发展产生了深远而广泛的影响，奠定了坚实的基础。他本人也被称为这一时期“第一个新式学校的教师”。

文艺复兴时期是一个人才辈出的时代。当时出现了很多教育家，尽管他们并没有创办过学校，但都怀着强烈的改革创新的愿望。他们把学生的成长看作至高无上的目标，坚持主张教育应该彰显每个儿童的个性，要求教师不要过分干涉学生。比如，有学者认为，如果教师过分限制学生，那么学生的能力发展就会受到阻碍，无法充分发挥。法国人文主义作家拉伯雷主张，儿童应该享受“自由自在，各行其是”的生活，学校应该按照这个原则来设计儿童的学习活动。人文主义教育家对传统教育的不满情绪促使他们对教师管理持谨慎的态度，如北欧人文主义大师伊拉斯谟（Erasmus）认为，选择教师要慎重。事实上，发现和训练理想的教师，要比描绘理想的教师难得多，而教师一日被选上，就不要频繁地更换。他们建议应对教师工作进行系统化培训。除了上面简述的关于学生管理和教师管理的知识，人文主义教育家还在学校的德育、体育以及美育管理等方面展开了论述，这些论述对近现代西方教育管理思想的发展具有非常重要的启蒙作用。

三、夸美纽斯的教育管理思想

夸美纽斯（Komenský），一位 17 世纪的捷克教育家，被公认为现代教育科学的真正奠基者，他的教育管理思想主要体现在以下几个方面。

第一，国家领导人应当认识到教育对于社会、国家和人民发展发挥着极其重要的作用，国家领导人应当担负起管理教育的责任。为确保教育质量，应在全国范围内建立学校，任命合适的人担任国家督学，这一职位的职责包括对教育管理人员进行培训、检查校长和教师的工作表现、熟悉学校的教学情况等。

第二，建立全国一致的学校制度，旨在确保所有儿童都能接受教育。对于夸美纽斯来说，他构思了一个教育体系：每个家庭都有母育学校，每个村庄都有国语学校，每个城市都有高等学府，每个省份都有大学。在这些学校里，孩子们将按照年龄依次受到学前、初等、中等和高等教育。夸美纽斯提出的这种学校制度设想，对未来的教育管理制度的进一步发展和完善产生了重要影响，具有十分重要的作用。

第三，在 17 世纪之前，欧洲学校的教学计划毫无章法，没有规定特定的入学时间，学生可以随时入学。夸美纽斯对此现象感到不满，主张学校应该设立稳定的开学和结课时间，而这个时间可以安排在每年的秋季。除了规定的时间段，任何人都不得进入学校学习，以确保所有孩子的学习进度保持一致，并有利于考试和升学。每年的学期可以细分为多个阶段，并且包含四个较长的休息时间。学生需要合理规划每天的学习时间，每日可安排 4 小时上课时间，每上课 1 小时休息半小时，每周三、周六的下午是自由活动时间。夸美纽斯的这些主张与现今的学校安排非常相似。

第四，以前，学校的教学方式缺乏统一性，同一个班级的学生学习的内容和进度都存在不一致的情况，教师的存在仅是向学生提供个别指导。夸美纽斯最先提倡采用班级授课制来解决这一问题。他提议将学生根据年龄和能力水平进行不同的班级的划分，作为教学的组织单元。每个班级有一个教室，以免妨碍其他班级。每个班配备一名教师同时对全班学生进行教学，这样教师可以少教，但是学生可以多学。可以说，正是有了班级授课制，才使今天学校教学管理的制度化、标准化成为可能①。

四、赫尔巴特的儿童管理思想

赫尔巴特（Herbart）是一位哲学家，他极力倡导将教育心理学化，希望通过此方法将教育学引向科学化的道路。他认为，要实现教育心理学化，就必须以培养学习者的兴趣为基点，使儿童在不同领域拥有广泛的兴趣爱好。鼓励儿童积极思考，进而促进他们的发展。尽管重视学习兴趣，但这并不影响赫尔巴特在儿童管理方面的严格态度。他的观点是，儿童的本性倾向于盲目、调皮、难以驾驭和不守规矩，如果不加以干预，他们的行为会打乱成年人的计划，今后也会成长为“敌视社会”的人。为了调教孩子的不驯行为，最有效的方法是对他们进行严格监管。赫尔巴特提出了多种约束手段，包括威胁、监督、命令、限制和处罚等措施。他甚至认为，惩罚性手段可以成为管理儿童的首要策略，特别是当儿童年龄较小的时候，出于道德观念树立的目的，说教作用不大，要通过必要的强制手段来维持学校的纪律。学校可以使用种种命令和禁律，设置惩罚簿，专门记载儿童的过失，以达到威胁的目的。学校还可以采取种种体罚手段，如站墙角、剥夺自由、停课、禁止吃食物、关禁闭、用戒尺打手等。与此同时，还要对儿童进行严格的道德规范训练，并使他们的学业负担饱满紧凑，没有空闲时间，免得他们“无事生非”②。

五、杜威及其实验学校的管理实践

杜威（Deway）于20世纪初在中国的两年多时间把他的思想带到中国，对现代中国教育的发展产生了巨大影响。

① 夸美纽斯．大教学论[M]．北京：人民教育出版社，1957．

② 赫尔巴特．普通教育学[M]．北京：人民教育出版社，2015．

1896年，杜威在美国芝加哥大学教授哲学和教育学，为了实践其教育思想，曾在大学附近创办了一所儿童实验学校，即杜威学校。在办学的过程中，他原先的朦胧想法逐渐明朗和成熟。杜威非常注重学校管理，在他的管理理念中，核心是把儿童置于重要地位，举办全面有效的活动，鼓励他们积极主动地学习和发展。杜威学校的学生并非以年龄为界定标准，而是以学生的发展阶段为标准，将他们划分为多个小组。在这所学校里，没有考试以及升降级制度。所有的教学都是基于不同形式的主动作业任务开展的，如纺织、烹饪、金工、木工等。教材的编写以儿童的生活经验为主要依据。对于儿童的管理始终坚持民主化的措施。在杜威看来，儿童的世界不是事实和规律的世界，而是有其自己的特征，然而学校的一门门互相独立的学科却把儿童的世界肢解了。当时，在教育领域，有一种观点认为，课程教材比儿童的经验更为重要，因此教育者的职责在于以明确的方式，在课堂上提供相关教材，以促使儿童积极参与；除此之外，还有一种观点认为，对于儿童的成长而言，所有的课程科目并不是最重要的，教材不应该从外部灌输，而应该从儿童的经验出发，发挥学生的学习主动性，激发学生的学习热情[①]。杜威学校应成为儿童生活的乐园和智慧园。学校一切教育和管理活动都要服从儿童的兴趣和经验的需要。尽管历史背景不同，杜威的倡导和实践仍然具有重要意义。他展示了一种颠覆传统的教育理念和学校管理模式，这一点毋庸置疑。这种思想和方式到现在仍然对我们进行教育改革有着积极的意义。

第三节　现代管理理论和教育管理发展

一、现代管理理论

现代管理理论主要指在20世纪发展起来的现代管理理论。工业管理领域是现代管理理论最早出现的地方，因此现代管理理论也被称为工业管理理论。另外，由于它对社会各行业的管理都有着很大程度的影响，所以说，学术界通常将其称为一般管理理论。现代管理理论涵盖了诸多学派，其中包括社会系统学派、决策理论学派、系统管理学派、经验主义学派等。不同学派的思想和理论虽然有着一定程度上的关联，但也存在不同的观点。其中，社会系统学派产生了较为深远的

① 杜威．民主与教育[M]．南京：译林出版社，2012．

影响，而在其理论基础上又分化出了决策理论学派和系统管理学派。

巴纳德（Barnard）是社会系统学派的主要代表，他的观点是社会组织是一个由诸多相互合作的个体组成的系统。社会组织由三个主要元素构成：合作意愿、共同目标和信息联系。非正式组织与正式组织相互作用，相互促进，对正式组织产生积极的影响。它们要求各级经理人员作为联系的中心，充分协调合作，保持组织的活力。

决策理论学派是在第二次世界大战后兴起的一种新型管理学派。该理论建立在社会系统论的基础上，结合行为科学和系统论的观点，并应用电子计算机技术和统筹学的方法，不断发展。以西蒙（Simon）为代表的管理理论主张管理的核心在于决策，决策贯穿于整个管理过程，是不可或缺的环节。他又系统地讲解了决策的原理，阐述了决策过程的四个阶段，并对程序准则、程序化决策和非程序化决策的异同之处与相关决策技术进行了分析。他提倡在制定决策标准时，使用“令人满意”的标准，而非追求“最优化”的标准。

源于社会系统学派的系统管理学派注重从系统的角度研究和管理企业，以达到提高生产效率的目的。这个学派强调各个系统和部门之间互相联系的网络必须是清晰且有效的，对于当代自动化、控制论、管理情报系统，以及权变理论的发展产生了极为重要的影响。德鲁克（Drucker）和戴尔（Dale）等是经验主义学派的代表人物。他们坚信，既往的科学管理理论和行为科学已难以满足现代管理的需要。他们十分重视了解现今的企业管理现状和实际需求，并认为应当重点关注大企业的管理经验，并将其视为当代经济管理理论的基础。

二、现代管理理论影响下教育管理的发展

（一）古典管理理论：提倡制度化的教育管理

20 世纪兴起的古典管理理论符合当时生产力发展的需求，为现代工厂制度的管理提供了理论基础，因而在 20 世纪二三十年代广泛流行。古典管理学派的阵容极为强大，其中包括美国学者泰勒（Taylor）和古利克（Gulick）等、法国学者法约尔（Fayol）、德国学者韦伯（Weber），以及英国学者厄威克（Urwick）等。尽管这些人在讨论管理过程时强调的方向不同，但从他们的思想倾向来看，是非常相似的，因此学术界将他们划归为同一思想流派。以下是古典管理学派的基本观点：其一，认为管理工作中最为重要的目的就是通过较高的效率的方式实现组织任务，并将效率看作衡量任何组织的基本指标；其二，人们相信通过分工和专

业化来实现管理活动是至关重要的基础策略；其三，实行统一指挥，也就是说组织内部要建立明确的上下级权力体系，每个成员必须严格服从上级的命令；其四，实现工作标准化，将工作任务分解为多个步骤，确保员工按照预定程序执行工作；其五，强调制定严密的规章制度，并视其为实现组织目标的基本保证；其六，注重实行经济激励，并严格落实机制；其七，应当高度重视正式组织所发挥的作用；其八，应该坚信管理是可以被探寻到规律并加以遵循的，而管理准则正属于这种规律的最佳体现。

教育管理人员可以从古典管理理论中获得启示，即通过设计合理的组织结构、编制完善的规章制度、遵循科学的管理原则，并结合严格的奖惩手段，学校组织就能够借此在条件尚不能完全支持的情况下实现管理目标。

（二）人际关系理论：改善学校中的人际关系

在古典管理理论十分重视制度化管理，甚至把人看作只关注眼前利益的“经济人”，却并不关注人的社会需求等情况下，20 世纪 30 年代开始流行的人际关系学说提出了新的管理理念，即人际关系理论，其中梅奥（Mayo）、罗特利斯伯格（Roethlisberger）等就是这一学派的主要代表人物。经过长时间的工厂管理实验，他们得出了以下结论。

①经济刺激并非唯一的诱因，事实上，非经济的社会因素对经济动因的效力产生了限制。

②工人在管理过程中扮演着非正式团体成员的角色，而非以个体身份进行管理。

③相对于人类的生理能力而言，非正式组织所遵循的社会规范对于产量的影响更为显著。

④专业化并不能保证生产组织的最大效益。

⑤为了避免受到专制管理的影响，工人们通常会利用非正式的组织来维护自己的利益。

⑥非正式的社会组织和管理之间存在着一种相互作用和相互影响的复杂关系。

⑦有效管理的前提并不在于控制力度的大小。

⑧非正式的领导与正式的管理人员的重要性通常不会有区别。

明显的，这些结论和传统的管理理论截然不同，而是更注重人的动机、工作满意度，以及非正式组织对于提高劳动生产率的重要性。在管理领域中，古典管理理论注重组织，而人际关系理论则更着重于关注个人。据人际关系理论家所述，只有充分激发员工的工作热情，改善组织内部的人际关系，才能实现有效的管理。

20世纪40～50年代，人际关系理论对教育管理学界产生了重要影响。这些影响体现在以下几个方面：第一，众多的著作和论文倡导改善学校人际关系和实行民主管理，从而在教育界中广泛传播了人际关系理论；第二，学校管理层已经开始理解满足教师心理需求以及激发教师工作热情的重要性；第三，一些有见识的人士建议学校制订计划时应该了解教师的想法，实现民主参与决策，从而改善学校内上下级之间的关系；第四，一些教师开始有意识地教导学生学会合作，以锤炼学生的社交能力。

（三）结构主义：学校组织性质的再认识

结构主义管理学说的核心观念是科层制理论，该理论以韦伯的学说为代表，在管理学领域享有盛誉。这一理论被称作结构主义是因为该理论重点关注组织内部结构的设计。对于韦伯来说，现代社会中最理想和高效的组织形式是科层制组织。这个组织的特点包括：①职能分工和专业化。②客观执行任务，不受私人情绪干扰，按照公正程序进行处理。③等级制度，是指在组织内按职位和权力大小划分成员等级，形成一种自上而下的等级体系。按照等级高低，成员之间相互制约，确保下属严格执行上级的指示。要让组织正常运转，就需要建立严密的规章制度来规范组织的行为。④职业导向，是通过评估员工的能力、成就和资历等因素，来判断他们是否适合升职，以此激励员工对组织保持较高的忠诚度。韦伯的理论分析对组织结构有着巨大的指导作用，不仅在工商业和政府机关的管理实践中发挥着重要的作用，而且对教育管理学的研究也产生了深远影响。诸多研究者对于学校作为一种组织是否符合韦伯所谓的“科层制”非常感兴趣。一些人觉得，学校的组织结构可以被看作高度发展的科层制组织。这观点指出，学校组织在本质上与其他组织相似，因此其他组织常用的管理方法同样适用于学校。有人认为，学校虽然存在科层制的特征，但更突出的是教学专业化。在学校中，科层制和专业化通常会存在许多矛盾，因此韦伯的理论在学校的应用当中存在限制。在讨论不同学校组织类型时，科恩（Cohen）和维克（Weick）等的松散结合系统理论备受关注。在这一理论当中，科层制理论并不能很好地解释教育组织，因为后者具有一些独特之处，其中包括以下方面。

首先，教育组织的目标常常表述比较抽象委婉，没有具体的日程计划，因此无法为决策提供明确指导帮助。此外，将这些目标转化为实际的行动步骤也十分困难。例如，对于“优秀”“教育质量”等词汇的定义因人而异，不存在较为一致的看法。

其次，教育组织使用的技术缺乏明确和清晰的定义，“教学”这个术语具体指什么并未得到明确。在各个层面上，许多教师都是通过实验和试错方式来实践教学方法的，如果方法行之有效，那么就继续采用；若不行，再考虑使用其他方法。

最后，教育组织中出现了“流动式参与”的情况，主要表现为组织中的人员流动性高，使得决策过程异常复杂，进而导致影响决策的因素也难以被确定，不同问题会促使不同利益集团和个人参与到教育决策过程当中。

（四）行为科学：教育管理学从经验走向科学

自20世纪50年代开始，管理科学进入了行为科学阶段。行为科学是一门多学科交叉的新兴学科，它综合应用了心理学、社会学、政治学、经济学、人类学等多个领域的知识，旨在探究有关人类行为的问题。20世纪60年代，行为科学逐渐发展为组织行为学，其研究重心转向了探究人们在组织内的行为问题。巴纳德是运用行为科学方法研究组织问题的先驱。《经理人员的职能》一书是他的杰作，这本书对于行为科学的诞生有着巨大的贡献。巴纳德的理论包罗万象，主要内容包括对组织性质的深入研究、对组织要素理论的探讨、对正式和非正式组织关系的论述，以及对决策过程的详细分析等。鉴于巴纳德强调组织是一种内外协作、保持平衡的社会系统，因此他在管理学界被视为社会系统学派的代表。西蒙被视为当代行政学的重要人物，他是决策理论的创始人。西蒙的理论主要探讨了决策的重要性、不同类型和主要步骤，并对组织决策的合理性问题进行了深入探讨。他提倡以行政行为研究方法取代传统的行政学研究方法。其中主要包括管理结构、人际交往、员工激励、行政程序等方面的内容。

第三章　现代小学教育管理路径的多维思考

小学的教育管理是教育管理学的主要内容，研究小学教育管理是非常有必要的，本章介绍现代小学教育管理路径的多维思考，主要从现代小学教育制度管理、现代小学教育教学管理、现代小学教育文化管理三个方面讲述。

第一节　现代小学教育制度管理

一、小学教育制度

（一）小学教育制度的内涵

制度指在一定历史条件下形成的大家共同遵守的办事规程或行动准则。学校教育制度是指一个国家各级各类学校的系统，规定着学校的培养目标、性质、任务、学生入学条件、修业年限、管理体制以及各级各类学校的关系，属于宏观的学校制度。

小学教育制度的安排是以学生发展为核心，制度的生成和重建始终围绕特定领域的变化，是一种约定俗成的规定。构建小学教育制度主要是系统构建学校教育的核心制度和外围制度，为学生搭建好更好的发展舞台。

小学教育制度的安排是协调校内和校外关系。制度是人们在调节各种关系时构成的一种规定和规则。小学教育制度视学校为一个开放的组织，它不但关注学校内部的运转，并且也强调学校、家长、社会的互动进程。小学教育制度的两个主要内容是校内制度和校外制度。小学构建校内制度和校外制度时以学生的发展为中心，注重学校利益相关者在制度构建和发展中的作用。

（二）小学教育制度具备的基本特性

将教育定位于服务，体现了小学教育管理制度与时俱进、创新发展的精神。小学教育管理制度顺应了社会生产力和社会发展对教育的要求，保证和不断改进对学生及其相关的服务定位为学校的核心功能，从根本上落实了以促成和保障学生全面发展为核心的教育准则和教育方针。服务观念的定位促进了学校核心能力、竞争发展能力的提高，决定了质量意识、竞争意识的引入和强化，是对传统教育观念的一次革命和突破。①

1. 人本性

社会发展一定要以人为本，社会的真正发展在于满足人的发展需要，全面提升人的生活品质。所以说，在实施小学教育制度管理时，必须始终坚持“以人为本”的理念处理问题。

小学教育制度所涵盖的“人”的概念，应当包括所有有教育需求且与学校利益息息相关的个体，以及与学校工作直接或间接相关的人，主要包括学生、教师、校长、家长等。此处所指之“人”，不只是指群体的“人”，亦包含个体的“人”。学校制度的关注重点是“人”，并始终为了实现学生全面发展这个目标而努力。

2. 民主性

小学教育制度的民主性主要体现在全体学校成员共同坚持的理念方面。在学校里实行民主是将民主思想付诸实践的具体表现，它体现在学校管理上，作为学校管理的一种方式存在。另外，其本身还包含了以下三个方面的内涵：其一，它注重民主参与，尊重、信任和包容，促进交流、沟通和协作，倡导公平竞争，以及分享成果；其二，学校民主是学校社群成员的一种生存方式。在学校中，成员需要遵循互相尊重、合作、公平竞争和理解宽容的原则，以解决彼此之间的社交问题；其三，学校的民主方式具备独特的道德价值。学校内民主制度可在学校管理决策、师生交流，以及学校与社区、家庭等群体合作等方面展现。

3. 科学性

小学教育制度的科学性主要表现在其完善性这一方面。小学教育的制度结构框架由多种指导学校工作的教育法律法规与诸多合理的规章制度组成，这些法规和制度之间需要相互协调，避免出现冲突。学校的规章制度不要与教育法律法规发生冲突，不要出现多种规章相互矛盾的情况，以确保学校内部各项规章制度的协调一致。通常，学校的规章制度需要保持严肃性和权威性，一些经学校校长办公会和行政会批准的规章制度可能是比较简单并且不涉及整个学校发展以及教师切身利益的部分；但一些重要的规章制度对学校整体发展和教师切身利益至关重要，因此需要提交给教职工代表大会进行审议和通过，最后由校长签发。

① 陈如平．现代学校制度的基本特性[J]. 人民教育，2004（21）：11-13.

4. 开放性

第一，小学教育制度应当开放系统的组织结构，以适应现代教育的需求。学校开放系统分别包括校外关系和校内关系两个层面。在涉及校外关系方面，小学教育制度需要特别注意学校与政府、社区、家庭之间的联系。对于小学教育制度而言，应该重视学校内部各种关系之间的交流、沟通、合作等问题，这些校内关系包括管理者和教师、教师和学生、教师和教师以及教学人员和后勤人员之间的关系。因此，在学校的章程和相关规章制度中应对这些关系作出明确的定义。

第二，小学教育制度的开放性还表现在获取和共享教育资源等方面。获取和共享各种教育资源是实现学校目标和实施学校管理的基石。对于学校来说，不但需要人员资源，还需要储备足够的物资、办学经费和管理信息等资源。这些资源至关重要。目前，总体来看，学校资源非常有限，需要进一步加大经费投入，提升师资力量和素质水平。所以说，需要进一步促进对有限资源的合理分配。

第三，小学教育的开放性也需要在学校的评价机制上得以体现。评估小学教育制度时应该考虑多种因素，包括社区和家长的参与，并且还需要进一步改善过去教育行政部门评估的单一性。

5. 生态性

为促进小学生学习和成长，需要创立良好的学校生态环境，也可以说是营造良好的学校组织氛围。可以从另外一个角度来考虑构建教育生态环境，即从学生的需求和利益出发，为学生提供更加个性化、全方位的教育服务。这需要学校不断调整教育理念和方法，积极探索有效的教学方式，以更好地满足学生的多样化需求。学校管理的目标就是实现学生的差异化和个性化发展。为满足学生多样化的需求，学校必须融合各种教育资源，并确保学校制度能够支持学生的个性化发展。另外，就学校的功能建构而言，小学教育应该综合了学园、家园、乐园、花园，是上述各功能的统一体。按照学校所奉行的办学理念，学习型学校、人本型学校、发展型学校等都是实行小学教育制度的多种表现形式。

二、小学教育制度管理的功能

（一）实现教育制度管理的指导功能

将软性制度融入硬性制度里面，使硬性制度具备“思想的光辉”。对学校而言，所谓软性制度，就是指那些先进的教育教学思维和理念。例如，把探究性教学、合作性教学、反思性教学、研究性学习等具有前瞻性、引领性的教育教学思想、理念，甚至简要的操作方式方法等作为制度的一部分，实现教育管理制度的指导功能。

（二）实现教育制度管理的服务功能

管理的本质就是服务，学校的制度管理更应如此。学校作为育人场所，各种制度的建立更应体现亲和性、人本性和人文性。这就要求学校管理者必须建立管理就是服务的管理理念，使管理就是服务的管理理念在每个管理者的认识中得以强化，进而得到认同，最后在详细的管理实践中落实。作为学校管理人员，必须时刻防止态度冷酷和以权压人的作风。学校在制定制度时，心怀服务心态，避免冰冷生硬的“不”字，多使用富有人文性的语言，使制度散发出人本性的光芒。更重要的是，在具体的管理实践过程中，管理者要养成服务的职业习惯。如果没有把为教师效力作为一种职业习惯，没有把服务当作一种职业生存方式，学校管理者是很难把学校管理工作做好的。

必须指出的是，在详细的管理实践中，管理者要具备较高的服务技能，而服务技能主要体现在服务的指导水平上。学校的管理服务与一般的服务不同，更多的是指服务的指导水平。如果学校管理者对教育教学和学校管理工作没有深刻理解，制定出的教育教学管理制度就不会具有指导性。同样，在具体的管理实践和制度执行中，也不会具有指导性的服务管理。因此，加强学校管理，一方面，要选拔那些思想素质高、业务能力强的优秀教师；另一方面，还需要加强管理人员的培训工作，不断提升他们的服务技能和管理指导水平。

（三）实现教育制度管理的规范功能

规范是学校制度的应有之义。学校制度中的规范包括两层含义，一是规范的制度，二是制度的规范。所谓规范的制度，就是建立健全各种制度以后，还要做到“规范”。所谓制度的规范，就是学校的各项制度要“健全”。规范的制度和制度的规范能够进一步促进学校实现有序管理。不断完善与深化学校制度建设，一则可以使教师遵循制度行事，逐渐摆脱“人治”；二则可以使学校的人际关系不再那么紧张，而是逐渐变得宽松和谐起来；三则可以引导教师在制度的基本框架下有章可循，开展各种有益活动。

学校制度立足于制度的规范和规范的制度，而指导是关键。指导是制度的核心价值，制度缺乏指导价值就不具备可持续发展的效能。学校制度要具有引领性、前瞻性，要有指导价值，才能有效地提高教师的专业素养。只有这样，才能够发挥出制度的最大效益。教师的主动性和积极性最忌讳被学校制度束缚和压抑。如果教师缺乏内在的积极性和主动性，就会失去主动的创造空间。只有学校制度使教师的主观能动性得到最大限度的发挥，才算实现了制度制定的最初目标。

三、小学教育制度管理内容

（一）小学教学制度管理

1. 小学教学过程管理

教学过程是一种双向互动的过程，它根据社会需求、教学目标以及学生发展特点来进行。教学过程由教师的教学和学生的学习两部分共同完成。教师、学生、教学内容和管理等因素构成了教学过程。其中，课前备课、讲课、辅导、作业批改、成绩考评五个基本环节组成了老师的教学过程。课前温习、听课、复习巩固、掌握应用、考查五个基本环节组成了学生的学习过程。教学过程的管理，就是依照教学过程的规律来维持教学工作的秩序，实施相关的措施，通过计划、检查和总结等办法来实现教学目的的活动过程。

施行素质教育，全面提升教育教学质量，学校的教学常规管理工作必须得到进一步加强。学校的重点工作就是教学工作，而教学常规管理则是学校工作的基础性工程，它的存在可以保证学校稳步发展，因此，建立完善的教学常规管理机制，可以更好地维护教学工作的制度化与规范化。将其有效地应用于教学管理的全过程，是全面提高教学质量、实施新课程改革的基础。

2. 小学教学业务管理

教学业务管理是有计划、有组织地对学校教学业务工作所进行的管理活动。学校的教学管理水平直接受到教学业务管理的影响，因此，教学业务管理是学校教学管理不可或缺的一部分。

3. 小学教学质量管理

教学质量管理是在遵循课程整体要求的前提下，对教学过程的各个阶段和环节进行全面的质量评估，以确保教学活动的有效性和质量。学校教学管理的核心使命在于提升教学品质。

4. 小学教学监控管理

教学过程监控和教学质量监测是教学监控的两个主要分支。按照授课规范，理解和监测教学的进程和状况，就称为教学质量监控。通过查找反映教学质量的资料和数据，发现教学中存在的问题，分析问题产生的原因，提出改进意见，促进教师的专业发展，促进教学质量和学生学习水平的提高，以确保全面贯彻落实素质教育方针。

（二）小学生制度管理

1. 指导思想

将日常评价和学生的成长记录视为评价的基石，并将形成性评价和总结性评价相融合，以确保评价的全面性和准确性。为了确保小学生的全面协调发展和潜能得到充分发挥，我们需要建立一个面向小学生的科学、规范的发展性评价体系。学生在不断提升综合素质的过程中，通过发展性评价实现自我认知、自我发现和自我完善，从而产生预期的教学效果。

2. 基本原则

（1）发展性原则

为了确保学生实现全面发展，我们需要关注他们的成长历程，激发他们的创新思维，并提高他们的综合素质。

（2）过程性原则

为了全面评价学生的成长过程，我们需要采用多样化的评价方式，将学生的日常评价、成长记录与学科质量检测相结合。

（3）激励性原则

为了最大限度地激发学生学习的积极性，评价应该发挥激励作用，通过树立榜样、表彰先进等方式，引导学生自觉改正缺点，促进其不断进步。

（4）科学性原则

制定科学的评价体系需要考虑教育规律和学生身心发展规律，全面获取学生的各种信息，特别关注学生的天赋、潜力和个性差异，以增强评价的准确性。

（5）互动性原则

在互动交流中，促使评价主体实现多元化发展，将学生自我评估、学生互评、家长参评和教师评价有机地结合在一起。

3. 评价内容与评价标准

（1）评价内容

基础性的发展目标涵盖了道德品质与公民素养、学习技能、交流与协作、运动与健康、审美与体现这几个方面的内容。

①道德品质与公民素养：培育爱国主义精神和社会主义道德品质，致力于维护民族团结，具备一定的社会担当；具有较高的文学素养与文化修养。

②学习技能：展现出对学习的热情，明确学习目标，端正学习态度，养成良好的学习习惯，具备运用积累的经验和技能，结合所学知识，独立分析和解决问题的能力，同时提高研究和创新能力。

③交流与协作：积极参与实践活动，与他人进行交流和协作，并勇于表达个人观点，学会理解和尊重他人。

④运动与健康：积极参与不同类型的体育活动，不断提升自身的运动技能和身体素质；树立一定的自我保护意识和安全意识，以确保自身的安全；具有良好的心理素质。

⑤审美与体现：养成健康的审美品位，踊跃参与学校组织的各项艺术活动，在活动中能用适当方式去欣赏美、感受美、表现美。

（2）评价标准

①在学生道德品质和公民素养评估中，只有符合基本标准的学生才能被认定为合格。针对那些未达标准的学生，必须如实记录其突出问题。对于那些在维护国家和集体财产、关爱集体、爱护环境等方面有杰出贡献，并因此受到有关部门的嘉奖的学生，可以将相关内容记录在对应评价项目的“突出表现”栏中。

②对于学习能力、交流与协作、运动与健康等方面的评估，我们可以将其分为A、B、C、D四个等级。在经过综合素质评价工作领导小组的审核确认后，那些有着优秀表现且提供了详尽佐证材料的学生，可以被评定为A级；一般情况下，对于达到基本标准的学生，可以按照对应的情况将其评定为B级或C级，对于未能达到基本标准的学生，将其评定为D级。对于所有被评定为A级的学生，评级必须经综合素质评价工作领导小组审核确认，否则评级视为无效。

4. 评价的方法

（1）采用“四级制”评价

测评时本人、同学、教师对照评价标准，分别从思想品德、公民素质、学习能力、交流与合作、运动与健康等多个方面提供相应的等级评定，采用优秀、良好、及格、不及格四个等级进行评定。

（2）采用“记实”评价

测评评优情况、竞赛获奖、爱好特长等项，按照实际记载的情况来评定。

5. 评价步骤

（1）自评

在教师的组织教导下，学生根据相关的评价标准，依照自身的学习、生活实际，为自身予以等级评价。

（2）互评、师评

教师及同学按照学生的学习、生活实际表现，给每个学生做出等级评价。

（3）总评

由教师汇总自评、互评和师评的评价结果，给每个学生做出等级评价，并及时将评价结果反馈给学生和家长。

6. 学生素质评定的组织实施

首先，加大学生综合素质评价宣传力度，让学生、家长充分认识其目的和意义，支持评价工作。

其次，在评价过程中要全面、深入、真实地再现学生的特点和发展动态，注重质性评价。将自评、互评、师评相结合，增进互动和理解，实现主体评价多元化。面向学生的未来，关注学生发展，重视形成性评价。

再次，每学期开展一次学生综合素质评价。自我评价和形成性自评是评价的主要形式；参与评价的人员应是班主任、科任教师、同学和家长；要使教师在评价中充分发挥引导作用；评定方法采用“等级＋评语”的模式；力求促进学生各方面都得到协调、全面发展；通过《小学生综合素质评价手册》，把学生的评价结果反馈给学生家长。

最后，学生处引导班主任实施学生综合素质评价，并对全校学生的综合素质评价做总的剖析。

（三）小学行政制度管理

1. 建立以校为本的教学研究制度

学校教学研究制度必须以校为本，从学校实际和实践问题出发，借助全体教师的协同研究，实现解决学校问题、提升教学质量的目标。教学研究制度保障教学研究在学校取得“合法”地位，使其成为学校教学改革发展的永恒动力。通过制度化建设，让学校形成一种崇敬学术、崇敬研究的气氛。制度化建设是保障教学改革和教师专业化发展最有效的内在机制。

2. 建立民主科学的教学管理机制

学校民主化教学意识的形成受教师参与学校民主管理的直接影响。所以说，学校需要建立基于民主和科学的教学管理机制，以确保教学质量的提升，建立健全由教师、学生、家长、社区人员和教育专家构成的教职工代表大会制度，强化学校监督和管理，让广大教师在参与学校管理工作时有合法的模式和正常的渠道。

3. 建立促进教师成长的考评制度

在制定考评内容和标准上，首先，要体现新课改精神、教学改革的方向以及教师创造性劳动的性质和角色转换的要求。考评的内容要包含教师的教学探究、教改实验、创造性教学和校本课程开发以及师生关系。其次，考评的目的在于引导教师学会反思和总结，让教师提高认识，更新观念。最后，考评结果要杜绝片面化和绝对化，反对唯分数论，每次考评要关注教师专业成长，帮助教师全面认识自己，明确自己的成长阶段及今后的努力方向。

四、小学教育制度管理实践

（一）提升依法科学管理能力

1. 切实转变对学校的行政管理方式

各级教育行政部门要按照规划纲要依法行政，大力推动依法治校工作，严格按照法律规定的职责、权限与程序，落实学校的办学自主权，对学校进行管理。要切实转换管理学校的方法、技能，将具体的行政管理转变成依法监管，尊重学校办学自主权，减少过多、过细的行政管理，探索建立综合执法和依法监督体制，提高行政执法能力，主动为学校处理法律问题，依法帮助教育活动正常开展。要依法建立社会监管体制，保障民办学校与公办学校的平等法律地位，及时发现并纠正、处罚学校的违法行为。要主动与有关部门合作展开校园及其周边环境治理工作，依法维护学校的合法权利和确保校园安全，努力为学校教育教学活动创造良好的环境。增强对学校依法治校工作的引导，推动、监督学校落实好依法治校的工作要求和目标考核机制，促使各级各类学校领导把依法治校作为办学和管理的基本准则。

2. 建立健全依法治校工作机制

要把依法治校纳入学校整体工作计划中，并且把它作为年度工作的专项内容，向教职工代表大会进行汇报。要根据要求将该项工作情况报送上级主管教育行政部门，使其张贴在信息公开栏上，向社会公开。学校的法制工作机构或人员在学校的决策、管理过程中要充分发挥参谋和监督作用，学校出台的有关管理制度、对外签订的协议、改革方案等，应由学校的法制工作机构进行合法性评估和论证。

3. 建立健全依法治校考核评价机制

学校管理的理念与水平受依法治校情况的直接影响。教育行政部门应对依法治校情况与教育教学质量加以平衡考核，并将其作为对学校的领导班子进行考察的重要指标。要采用多种途径听取师生意见、观察公众反映，创新考核评价机制，重视评估依法治校的社会效果和教育效果。由法制工作机构或者其他综合部门承担依法治校工作，增强对学校工作的引导，建立学校领导任前法律审核制度，用依法治校的综合性考察来代替相关的专项考评。要选取有效方法，激励和促进学校依照纲要积极开展依法治校、进行校内管理体制改革；对于在依法治校中形成先进经验、做出突出成绩的学校进行奖励。

4. 深入开展依法治校示范学校创建活动

学校应立足学校需求，结合学校自身特点，稳步推进依法治校。不同层次、不同类型的学校要联系实际和需求，制定适合本校依法治校的具体方法。对学校在依法治校实践中形成的典型经验与成功做法，地方各级教育行政部门要及时推广，并对不同类型学校依法治校的具体要求实施分类指导，建立健全依法治校示范学校的标准，将开展依法治校示范学校创建活动规范化、制度化。在国家和地方层面，逐级开展依法治校示范学校创建活动，主动扩展典型经验，促进各级各类学校依法治校水平的整体提升。

（二）建立健全民主管理制度

依法完善教职工代表大会制度，保障教职工代表大会的组织和运行符合具体要求，将其参与学校管理和民主监督的作用发挥到极致。专业技术职务提升、绩效工资考核配置方案等与教职工自身利益相关的制度、方案，以及所有与学校发展相关的重要议题，必须经过教职工代表大会的审议和批准。学校领导和主管部门的考核权、评议权应得到积极行使，以确保教职工在决策过程中具有高度的责任感。学校应充分征求学生意见，为学生参与学校民主管理拓宽渠道，努力探究师生代表参与学校决策的机制。

①贯彻《关于加强中小学校党的建设工作的意见》，突出政治功能，提升组织力，充分发挥党员教师的先锋模范作用，把学校党组织建设成领导改革发展的坚强战斗堡垒。

②坚持民主集中制，按时召开学校教师大会，完善学校教职工代表大会制度，所有与教职工利益和学校发展相关的重要议题，必须经过教职工代表大会的审议和批准。

③在学校显眼位置设置学校信息公告栏。公布学校校务信息，公示学校收费项目、标准、凭据等，让学校教职工、学生和家长对学校重大事项、重要制度具有知情权。

④健全问题协商机制，采纳教职工、学生和家长的积极意见和建议，处理和解决问题。

⑤发挥少先队组织的作用，积极引导学生实现自我管理或参与学校事务管理。

（三）构建和谐的家庭、学校、社区合作关系

学校要逐渐完善班级和学校两级家长委员会。家长委员会的职责有参与学校管理、行使监督权力、促成家校教育合力的形成，其成员一般由家长民主推荐选举产生。学校要在家长委员会对学校、教师的教育教学、管理活动实施监督、提出意见建议等方面提供必要条件，并定期与家长委员会成员进行交流沟通。无论学校开展何种与学生相关的实践活动，都需要做出详细规划，之后是否成行由家长委员会讨论决定。符合条件的地方，可以成立区域家长委员会联合会，增强家长对学校管理和办学活动的参与权、知情权和监督权。

①健全和完善家长委员会制度，建立家长学校，落实学校开放日活动，在学校治理中提高家长的参与度，形成教育合力。

②建立社会监督机制，密切联系社区和利益相关者，促进其参与学校治理。

③主动争取社会资源和社会力量，支持学校改革发展。

④在课后和节假日，学校资源应对本校师生和所在社区居民实施有序开放。

第二节　现代小学教育教学管理

一、教学的意义与任务

（一）教学的概念

教学是师生共同参与的活动，教学要符合教育目的，教学是在教育目的的指导下教师的教与学生的学形成互动的活动。在中国，教学活动的主要模式是教师传授知识，学生接受知识。在教学活动中教师积极、有目的地引导学生，使学生主动自觉地接受知识、掌握技能与培养情感，使学生形成新的智力、品德、体力、艺术修养等，最终使学生全面且个性地发展。教学与教育这两个概念是部分与整体的关系。教育是个大概念，包括学校培养人的全部工作，虽然国内学校对学生进行教育的主要方法是教学，但这并不意味着教学是对学生进行教育的唯一方式，

学校教育学生的途径还有课外活动、校外活动与社会实践等。教学不同于智育。智育是通过向学生传授知识与技能，学生不断掌握这些知识和技能，最终使学生智力得到提升的活动。教学是智育的主要途径，但并不等同于智育。教学也不等于上课。上课是教学工作的基本组织形式。但教学工作还包括课外辅导、作业批改、成绩检查与评定等重要环节。

对于学校来说，教学是对学生进行教育的基本途径，教学是学校工作的重点，是教师与学生共同参与的统一活动。教学的内涵有以下几方面：第一，在我国，教学的根本目的是培养全面发展的人。它既包含知识与技能的发展，也包括生理心理的发展；既包括多方面的发展，也包括个性化发展。第二，教学是由教师的教与学生的学共同组成的活动，二者缺一不可，无论是失去教还是失去学，教学活动均不可能存在。第三，教学内容多种多样，并不是只有上课才是教学活动，课前准备、课后辅导、做作业、考试等内容都是教学活动，教学的形式也同样丰富，大班教学、小组教学、个别教学都属于教学。教学活动既会注重学生群体的需求，也会关注个别学生的需求。

（二）教学的意义

教学活动是学校工作的核心，学校如果想要培养全面发展的人，就必须以教学工作为主，学校的其余工作都应当为教学服务，教学的意义表现在以下几方面。

1. 教学是传授系统知识、促进学生发展的最有效的形式

教学活动是有明确目的的活动，同样也是需要专门组织才能进行的活动。教学是使学生全面发展的最便捷方式。学生在教学活动中通过间接学习或直接学习的方式学习人类数千年不断积累的文化知识，并将这些知识与自己之前的认知体系结合。在教学过程中学生不断地发展身心，提升自己，努力将自己提升为合格的社会主义建设者和接班人。尤其是在技术更新速度快的今天，我们更需要从小学生教学抓起，让现代学生从小学起就开始适应发展迅速的社会。

2. 教学是进行素质教育、实现培养目标的基本途径

素质教育并非针对部分人群的教育，而是针对全民的教育，素质教育是用于提高我国民族的综合素质和民族创造力的教育，它是促进学生德、智、体、美、劳全面发展的教育。教学活动是按照教育目的培养人的活动，在我国培养下一代社会主义建设者和接班人的主要途径就是教学活动。教学活动是高效率活动，它能让学生在短时间内学到人类经过数千年积累的文化知识，以最快的速度让学生

全面发展。教学是德育的重要途径，它既为德育提供了科学的认识基础，又包含着丰富的德育因素。教学为学生的身体发展提供了有利条件，学生上体育课能增强学生的体质，并为科学地锻炼身体提供理论知识和方法指导。教学也为学生的审美能力和劳动技术能力的培养和发展提供了有效途径。学校教育能促进学生德、智、体、美、劳全方面发展，是我国实现教育目的最便捷的途径。

3. 教学是学校工作的中心环节，学校工作必须坚持以教学为主

学校工作应当以教学为中心，其他工作都应围绕教学进行。教学在学校教育工作中占据的时间最多，涉及面最广，对学生发展的影响最全面深刻，对学校教育质量的影响也最大。因此，要提高学校教育质量，培养高素质人才，就要坚持以教学为主的工作方针。教育实践的经验和教育发展的趋势都表明，学校必须以教学为主要工作，才能维持学校的秩序，才能稳定地培养人才，才能使国家的教育事业不断发展，这样学校就能有效地实现其社会职能。相反，如果学校不以教学工作为中心，将其他工作置于教学工作之上，教学活动必然会受到其他工作的影响，学校就无法实现教育目的，教学质量会下降，最终可能导致教学秩序混乱。因此，学校办学活动必须以教学活动为中心，努力提升学校的教学水平。当然，以教学为工作中心，并不意味着学校只进行教学工作，学校的其他工作会为教学工作提供基础与帮助，如学校需要做好后勤保障工作，才能让教学工作顺利进行下去。又如，学校还会组织课外活动、使学生参与社会实践等，这些工作会为教学活动提供助力，让学生更好地发展，但一定不能将其置于教学工作之上。

（三）小学的教学任务

1. 引导学生掌握科学文化基础知识和基本技能

教学的目的是让学生全面发展，而最基本的途径就是让学生掌握科学文化知识和基本技能。学生学会基础的科学文化知识与掌握基本技能是达到其他教学目的的基础，如果学生不能掌握基础的科学文化知识和基本技能，那教学的其他活动也无法进行。在教学活动中学生需要掌握的知识是指各个学科构成中的事实以及相应的概念、原理、公式等内容。学生需要掌握的基本技能，是指学生在掌握一定的科学文化知识基础上，在实践中运用这些知识而获得的能力。而学科的基本技能是指研究此门学科时经常使用的、最重要的技能。学生多次使用这些基本技能，并熟练后，可以形成技巧。因此无论教育经过怎样的改革，无论新的技术怎样在教学中应用，教学首先都应当重视双基教育。因为只有重视学生基础知识与基本能力的培养，才能为其他教学活动打下基础。

2. 发展学生智力，培养学生的创造能力

智力是指人认识、理解客观事物并运用知识、经验等解决问题的能力，包括观察力、想象力、记忆力与思维能力。其中思维能力是大脑结合个体过去经验形成的能力，是智力的核心。人的智力水平由先天遗传、环境与教育因素共同决定，尽管决定教育的因素众多，但是对于小学生来说教学是影响学生智力的主要因素。因此在进行教学时，要注意学生智力的发展。善用启发式教学，不断引导学生进行自我思考得出结论，这对学生智力的提升帮助巨大。除了启发引导，还可以使学生进行推理、证明、想象，通过多种方式使学生智力得到提高。在不断发展的当今社会，如何帮助学生掌握越来越多的新鲜知识，已经成为教育界的重要课题，目前最好的解决办法便是让学生更扎实地掌握基础知识与基本技能，同时发展学生的智力，让其更有创造性与思维性，使其获得更好的适应社会的能力。

3. 发展学生体力，提高学生的身心健康水平

保持身心健康也是教学的主要内容，体力是一切活动的基础，无论是基础知识与技能的学习还是智力的发展，都需要体力进行支持，没有体力人无法正常进行活动。小学生在发展智力的同时也要不断发展其自身体力。小学生的身体不断发育，其活动能力也在不断提升。因此学校要特别注意环境与卫生以保证学生的身体健康，并且要严格要求学生的坐姿、写字姿势、阅读姿势、运动姿势等，使学生健康地发育。小学生时期还要避免过多的学业负担，让学生健康、快乐地成长。

身体健康是指人体各器官发育良好、功能正常，人体质健壮、精力充沛并具有良好的劳动状态。

心理健康表现在认知、情绪、意志、人格特征等方面，一般指智力正常、心情愉快、情绪稳定、有毅力、耐挫折、人际关系和谐，对外界事物的刺激反应不异常过激也不过分冷漠等。促进小学生身体和心理健康发展需要通过多种途径，教学是一条十分重要的途径。促进小学生身体和心理健康发展是各科教学的共同任务。除了体育课要对学生进行专门的教育，小学生还需要掌握一定的与卫生、保健、体育相关的基础知识，以免在日常生活中不经意间使自己受到伤害。另外，小学生还要养成锻炼身体和讲卫生的习惯，以增强自身的体质，各科教学也要结合各自的特点，向小学生进行卫生保健和心理卫生方面的教育。

4. 培养小学生高尚的审美情趣，使其形成良好的思想品德

除了上述内容，教学还应当注意小学生的思想品德教育与审美教育。小学生尤其是低年级的小学生，其思想还很不成熟，主观性强且易受引导，这时正是对

学生进行引导，使其形成良好思想品德与高雅审美情趣的关键时期。让小学生形成良好的思想品德首先要让其形成正确的世界观，世界观是个体对于世界总的态度与思考，正确的世界观的形成必须以科学知识为基础。在教学过程中，学生不断地学习知识、增长技能、与教师和其他同学交往，会不断增加对于社会与世界的认识。小学生在不断掌握这些自然、社会学科知识时，会不断将自己与这个世界联系起来，形成正确的世界观。小学生通过将已经掌握的知识、技能运用到实践中，最终形成正确的思想道德。在教学过程中，教师还应当注意使学生形成正确的审美情趣，如在语文或英语教学中除了让学生不断朗读感受文字美，还应当运用各种直观教具或图片资料让学生感受到与教学内容相关的美。小学应当开设更多的艺术类课程，让学生不断提升自己的审美情趣。同时小学应当开设一定的劳动与实践类课程，使学生根据规范调节自己的思想与认知，在劳动中形成思想品德，在劳动中形成审美情趣。

二、教学过程

（一）教学过程概述

1. 教学过程的概念

教学是一个由教师主导，根据教育目标，结合学生身心发展水平，有计划、有目的地帮助学生掌握知识与技能，同时发展学生身心，最终使学生形成情感、态度、价值观的过程。这个过程需要在特定的时间和空间内完成，目的是完成教学任务，从而实现教育目标。它由活动的主体、活动的内容、活动的条件和方式组成。在教学活动中教师与学生的地位并不相同，尤其是小学，学生与教师的社会角色、社会经历差距巨大，教师是教学的主导，学生虽然是教学活动的主体，但小学教学活动中学生处于服从地位。教学过程是学生得以发展的中介和工具。教师需要对教学活动进行一定的组织，也需要遵循教学原则以及使用教学方法。

2. 教学过程的本质

在世界上，对于教学过程本质的讨论一直在持续，学者至今没有确切、统一的说法，但我国理论界一直将教学过程看成一种特殊的认识过程，它是一种帮助学生实现身心发展的认识活动。对于教学过程本质的观点主要有以下两种。

（1）教学过程主要是一种认识过程

教学过程是在教师的指导下，以教材、教具、教学材料为媒介，让学生以最便捷、最经济的途径认识世界、掌握知识与技能、最终发展自己身心的过程。在这个过程中学生是认识的主体，教学活动的最终目的是提高学生的认知能力。教师是认识过程的主导，小学生主动认识的能力较弱，需要在教师的引导下进行认识活动。认识的客体是教材等教学材料，这些材料凝聚着丰富的文化知识，学生可以通过这些材料进行认知活动。因此这些材料具有中介性。

（2）教学过程是一种特殊的认识过程

教学过程的特殊性表现在以下几个方面。

①教学具有间接性。学生的认识包括直接认识与间接认识，学生通过教学活动产生间接认识，在教学活动中学生并不是直接地感受世界形成认识，而是通过教师的指导从教材与资料中学习他人总结的知识和技能。教学中间接的认识过程可以帮助学生更快捷地掌握知识与技能。

②教学具有交往性。教学需要教师与学生共同参与，二者缺一不可，学生在教师的引导下对书本中的知识进行学习，教学活动是师生双向互动的结果。

③教学具有教育性。没有离开教育的教学，教学是让学生全面发展的手段。教学是使学生的认知、情感、意志、行为得到全面发展的教育过程。

④教学具有指导性。教学活动需要教师的指导，教师是教学的主导，对学生起着引导的作用，教师的指导是学生（教学主体）与教材和课程（教学客体）之间沟通的桥梁。在教师的指导下，学生可以对教材、课程中的知识进行认识，这也是学生认识人类文化知识的捷径。

（二）教学过程的特点

1. 直接经验与间接经验相结合

直接经验是自身亲自参与活动，通过自身实践后形成的经验；间接经验是学习他人总结出来的经验与知识，并不需要自身亲自体验，对于学生来说获得间接经验主要通过从书本上学习他人经验，除此之外，还有通过学习现代技术保存的各种形式的知识，如电子书或视频等。

学生在教学活动中以间接经验学习为主，在教学活动中通过间接的方式学习人类文化知识的结晶，虽然学生通过间接方式认识了世界，但并非通过亲身体验认识的，难免理解不深，因此教学活动要通过直接经验与间接经验相结合的方法，在学生学习间接经验时让其亲身感受，如某些理科的实验课。通过间接经验与直接经验相结合让学生以理论指导实践，使其通过不同的感受方式加深对文化知识的认识。

在教学过程中，学生获取知识既要通过学习书本知识，又要通过亲身实践得到直接经验。他们的知识应当包括书本知识和直接经验两部分，是这两部分知识的结合。在这两部分知识中，书本知识居于主导地位，直接经验可以加深学生对于知识的理解。

2. 掌握知识与发展智力相统一

通过教学活动学生既要掌握知识也要发展智力，二者辩证统一，相互促进。

（1）掌握知识是发展智力的基础

学生需要通过获取知识来提高智力，知识的掌握对于智力的提升提供了坚实的基础，学生智力的提升要依靠思维能力，学生只有掌握了特定领域的知识，才能在对应领域进行思维活动，最终达到提升智力的目的。同时也有关于如何提升智力的相关知识，通过这些知识学生可以更加系统、准确地学习发展智力的方法，如归纳、演绎、发散思维等。没有知识的积累，学生想快速发展智力很难，但掌握知识的量的多少并不等于智力的高低。智力的发展要通过知识转化，即使学生掌握了许多知识，但对这些知识理解运用程度不深，也很难实现自身智力的提高。智力的发展也并非掌握知识后便自然形成的，教育工作者需要探索通过掌握知识发展智力的方法，使学生更好地发展智力。

（2）防止单纯抓知识教学或只重智力发展的片面性

教学过程是多元的，它既包含对学生知识的传授，也包含学生发展智力的过程。教师应当把这两个方面很好地结合起来，使其互为因果，互相促进，以便提高教学质量。在实际工作中，有时会出现这种情况，只重视学生掌握知识，把它当作教学的重要任务，而忽视发展学生的智力，结果学生认识能力没有提高，也影响了其对知识的进一步掌握。因此，教师要高度重视对学生智力的培养和训练，在传授知识时，要注意引导学生的认识活动，使学生掌握学习方法，使教学过程成为提高学生智力水平的过程。

3. 掌握知识与提高思想觉悟相结合

（1）学生思想的提高以掌握知识为基础

学生对更多知识的掌握可以让学生更清晰地了解这个世界，掌握更多知识可以使学生通过现象看到本质。因此知识的掌握可以帮助学生拓宽自身的视野，形成正确的人生观、世界观，因此学生思想觉悟的提高要以掌握知识为基础。

（2）学生思想觉悟的提高又推动他们积极地学习知识

学生的思想觉悟提高后，又能反过来对掌握知识提供帮助，使学生更快地掌握知识。学生掌握知识是一个过程，在这个过程中思想觉悟对学习能力有巨大的影响。因此当教师在教学活动中将提高学生的思想觉悟、端正学习态度与学生未来的理想、社会主义建设、国家繁荣昌盛、民族的崛起等内容结合起来时，学生的学习便会变得更加积极、有动力，最终这种思想上的提升会推动学生自主地进行学习，以最大努力促进自身的全面发展。

（3）在教学中要防止两种偏向

我们既要防止教学活动只注重知识的传授，忽视学生思想觉悟的提升；也要防止教学活动中仅灌输学生思想而忽略知识。有些教育工作者认为，只要有了知识，学生的思想觉悟便会自然而然地提升。这种思想是错误的，学生思想觉悟的提升并非自动的过程，需要教师的指导。只重视知识传授而忽视思想的引导会使学生不知如何运用学来的知识，只有不断提升学生的思想觉悟才能使学生将理论与实际相结合去运用这些知识。学生没有思想觉悟的提升，知识的掌握过程也会受到影响。当然知识的掌握是教学活动的基础，没有知识的掌握，学生思想觉悟的提升只能是无根之木。

4. 教师主导作用与学生主动性相结合

在教育学领域学生与教师之间的关系一直都有争论，教师与学生的互动组成了教学活动。传统教育学以教师为中心，认为教学活动应当是教师传授知识的过程，学生应当完全服从教师，教师与其传授的课程是权威的，学生应当被动接受。这样的观点严重阻碍了学生的主动性与创造性的发展。而儿童中心论又是另一个极端，认为教学活动应当完全以学生为标准，学生喜欢什么、想学什么，教师就应当教授什么，教师教授的内容应当服从学生的兴趣。这样的思想对教师的限制极大，并且对于学生尤其是小学生来说，其对世界没有较完整的认识，很难知道自身需要什么样的教育。现代教育观念强调师生的地位同等重要，教学活动中学生是主体，教师的知识传授要围绕学生展开，教学的根本目的在于使学生全面发展；教师是教学的主导，教师引导着学生在教学活动中发展自我。

（三）教学过程的结构

教学过程的结构指的是在教学进程的基本阶段。由于教学内容、学生自身身心发展的状况等的不同，教学的进程也会有所区别。

1. 引起学习动机

学习动机是学生学习的动力，它是学生自身内部的动力。学习动机与学生的兴趣爱好、求知欲望等有关，如学生遇到自己感兴趣的学习内容，学习动机就高。因此学习动机对于小学生的学习起到至关重要的作用，教师在教学过程中应当激发学生的学习动机。

教师要激发学生的学习动机，应重视以下几点。

①设法使学生在学习每个章节、每个课题前，让学生明白学习该内容的目的，让学生了解学习该内容应达到的程度，让学生明白学习的意义，使学生更加上进。

②进行启发式教学，调动学生的积极性。通过新颖或直观的教学方法让学生对学习更有兴趣。增强教学的形象性、生动性、趣味性。

③注意学习难度，过难的知识会让学生感到枯燥乏味，对学生失去动力，过于简单的知识不能引起学生的重视。

2. 领会知识

（1）感知教材

学生的学习是间接学习，其学习知识主要通过教材，因此教师要带领学生对教材进行感知，使学生对教材有初步的印象与明确教材的基本观点，这种印象有可能是感性的，但会为之后学习教材中更加理性和抽象的知识提供基础。使学生感知教材的方法有利用学生已经掌握的知识、直观教学、实验教学或者通过教师的语言与肢体动作对学生进行描述。

（2）理解教材，形成科学概念

在感知教材的基础上，教师应当进一步分析教材、对知识进行抽象处理，最终使学生对书本上的知识、原理进行理解，看到事物本质，理解事物发展规律。理解教材，形成科学概念一般有两种方法：一种是由已知到未知，通过学生已知的内容类比、引申到未知内容；另一种是从具体事物到抽象事物，通过总结具体事物的特点形成抽象概念。

（3）巩固知识

学习理解知识之后，还要对知识进行巩固。人会遗忘学习到的知识，因此只有不断地对知识进行复习、巩固，才能将其与之前掌握的知识进行联系从而形成知识体系，知识的巩固贯穿整个教学环节，要随时进行复习，不要在完成某一学习任务后才开始进行复习，知识的巩固是形成技能的过程，学生巩固知识在教学过程中占有十分重要的地位。巩固知识的方法是多种多样的，主要有做作业、练习和复习等。

（4）运用知识

学生学习知识的最终目的在于运用，无法运用的知识其意义将会大打折扣，教师除了要引导学生形成概念、理解教材外，还要培养学生的动手、动脑能力，通过知识的运用最终形成技能，这样才能让知识发挥最大价值。学生只有运用知识，做练习和作业，或者是进行实习、实验和操作，基本的技能、技巧也才能得到训练。在教学中教师要在学生能正确地运用知识的基础上，大力提高他们熟练运用知识的能力，使其阅读速度、计算速度和写作速度逐步加快。

（5）检查知识

检查知识起到对教师进行反馈的作用，通过检查知识教师可以更为清晰地了解自己的教学效果，并根据教学效果与教育目的不断调整自身的教学计划；除了对教师的反馈功能，检查知识还能帮助学生进行自我检查，使学生知道自己的不足，发现自身问题，帮助学生及时调整状态与学习方法，达到提高学习效率的目的。

三、教学原则和教学方法

（一）教学原则

1．教学原则概述

（1）教学原则的概念

教学原则是为了达到教学目的而遵循的基本要求。教学原则贯穿整个教学过程，合理运用教学原则，可以达到教学效果最大化的目的。

（2）教学原则是对教学规律的反映

教学规律是教学过程中内部的客观规律，人类无法通过自身的意识与实践去改变这些规律，只能尊重这些规律或不断发现新的教学规律；而教学原则是人类根据教学规律制定的，它是人类尊重教学规律的结果与体现，并且随着人类不断发现新的教学规律，新的教学原则也会产生。因此人类要不断发现教学规律，完善教学原则，以产生最好的教学效果。

（3）教学原则是对人们教学经验的总结

不同的人尤其是不同时代的人对教学规律的探索方式与理解并不同，因此不同的人制定的教学原则也不同。例如，中国古代与西方的教学原则就相差很大。

2．我国小学教学原则及运用

（1）直观性原则

直观性原则指的是教师在教学过程中，通过与教学相关的实际物体、影像录音或直接的语言动作描述，使学生学习知识，这些直观内容可以丰富学生的感性认知，为之后的理性、抽象知识的学习提供基础，同时学生能在对直观事物或语言动作的观察中提升认知能力。

直观性原则在教学活动中至关重要，直观性原则往往用于教学活动的开始，学生可以产生对于知识的初步认识，如果初步形成的感性认知发生错误，之后便很难形成正确的理性认知，尤其是对于小学生来说，其缺乏直接经验，思维模式也以具体思维为主，抽象思维能力还没有完全形成。因此无论是从教学内容还是从小学生身心发展的特点来看，直观教学都非常重要。

（2）启发性原则

启发性原则是指教师要承认学生在教学中的地位，承认学生是教学的主体，要通过引导、启发让学生自己思考，使学生通过自己的探索形成结论而并非教师给学生灌输知识。启发性原则要求发挥学生主观能动性，鼓励学生积极主动地学习。

启发性原则是在继承有关启发教学优秀遗产的基础上，根据学生的认识规律，在现代心理学和教学实践经验的基础上提出来的。教学活动具有互动性，如果教学没有教师，学生就不能高效学习；没有学生学习的主动性、积极性，教师所传授的知识和经验也很难转化为学生自己的精神财富，以及成为自己知识结构的一部分。

（3）巩固性原则

巩固性原则，是指在教学过程中使学生不断复习之前掌握的知识，防止学生快速地遗忘。巩固知识能使所学的知识持久地保持在记忆中，当需要的时候，能准确无误地将知识再现出来，加以运用。

巩固性原则对于小学教学至关重要。小学生由于思维能力、记忆力、注意力等较差，很容易遗忘刚掌握的知识，再加上学习的内容主要是间接经验，印象不深刻，因此提取知识进行运用的能力不足。因此对于小学教学，教师应当不断引导学生进行复习，加深小学生对于知识的理解。

（4）循序渐进原则

循序渐进原则是指要按照学科的逻辑与学科教学的规律进行教学。例如，在教学过程中应当先让学生掌握基础知识形成基本能力，之后再使其学习抽象知识，形成知识系统。循序渐进原则是科学知识本身的特点决定的。任何科学知识，都具有严密的逻辑系统，学校设置的各门学科，都是以相应的科学体系为基础的。学生如果不先掌握基础知识，而先学习复杂知识，不仅会无法理解复杂的知识，还无法提高思考能力。

（5）因材施教原则

因材施教原则要求教师根据学生的个人实际进行教学。教师要根据学生的年龄、身心发育情况与个人的性格、志趣等进行针对性教学。因材施教原则主要注意两方面：一是教学内容要符合学生的身心发育情况，这要求教学内容不能超出学生现有的知识结构，如不能教授小学生高中知识，小学生根本无法理解这些知识；二是教学要考虑学生的个体差异，每个学生的爱好与志趣不同，应尽可能调动每个学生的学习积极性，发挥每一个学生的才干，依据每个学生的实际情况去教学。

（6）理论联系实际原则

理论联系实际原则要求在教学过程中不能仅进行知识教学，还要将知识与现实结合起来，并对这些知识加以运用。学生要以理论指导实践去分析并解决问题，在实践过程中加深对知识的理解，做到学以致用。

（二）教学方法

1. 教学方法概述

所谓教学方法就是在教学过程中教师和学生为实现教学目的、完成教学任务而采取的教与学相互作用的活动方式的总称。这个定义明确体现了以下两方面的思想和内容：①教学方法具有双边性，它既包括教师的教法又包括学生的学法；②教师的教法和学生的学法是相互联系和相互作用的。教学方法并不是一种动作或者一种语言表达方式，而是师生有目的、相互作用以及以一定方式结合的一系列活动。

2. 选择与运用教学方法的基本依据

选择与运用教学方法的基本依据为：①教学目的和任务要求。每堂课都有自己的目的，不同的课程教学任务也不同，对于每堂课教师应当选择合适的教学方法。②教学内容和课程性质。教授基础内容与抽象内容采用的教学方法不同，课程性质不同也会导致采用的教学方法不同，如复习课与新授课的教学方法不同。③学生的年龄与身心发育情况。不同年龄段的学生知识储备与心理接受能力不同，因此教学应当尊重不同年龄的学生，采用他们可以接受的教学方法。④教学条件。教学的时长、设备、场地都会对教学方法造成影响，如实验教学法需要一定的教具，如果没有这些教具便无法进行教学。⑤教师的水平。教师必须选择自己可以驾驭的教学方法，不量力而行会起到相反的效果。

3. 小学常用的教学方法

（1）讲授法

讲授法是指教师通过口头语言、肢体动作和其他媒体工具，系统地教授学生科学文化知识，提高学生认知与能力的一种方法。

在教学过程中，使用语言进行教学是最便捷的方法。语言的讲述可以有效地传递文化和经验，启发学生的思想。因此，讲授法是最基础的教学方法，也是课堂中最常用的教学方法。

其他的教学方法在使用时也往往需要配合讲授法，讲授法是教学活动中不可或缺的一部分。

（2）谈话法

谈话法也叫问答法，它是教师提出问题，让学生回答的方法。在提出问题后教师可以通过引导或提示让学生积极思考答案。谈话法可以发挥学生的主观能动性，激发学生的学习兴趣，不仅能让学生积极主动地学习知识，还能培养学生的语言表达能力。谈话法是一种师生互动的共同解决型教学方法。谈话法在教学实践中不断充实和发展，形成多种形式，是小学常用的一种方法。

（3）讨论法

讨论法是在教师的指导下，学生对某些问题进行讨论，通过讨论得出解决方案的教学方法。讨论法的优点在于调动学生的积极主动性，还能培养学生与他人合作的能力，但教师要注意把控，让学生讨论的内容不要偏离方向，并且确保所有学生参与讨论。

（4）演示法

演示法是教师通过实物或教具对教学内容直接进行演示的教学方法，演示法也可以采用多媒体或网络教学工具。演示法的优点在于具有很强的直观性，学生可以目睹教师的操作，有利于学生形成深刻印象。演示法具有现场性，往往会配合讲授法、讨论法、谈话法进行教学。

四、教学组织形式

教学组织形式是指学生与教师为了完成教学任务，以不同形式组合起来进行教学活动。历史上出现过多种教学组织形式，其中主要包括个别教学制、班级授课制、分组教学制和道尔顿制。古代教学基本采用个别教学制。随着资本主义的发展，教学内容迅速增加，教育对象也逐步扩大，个别教学制已不能满足社会需要。16 世纪欧洲有些学校逐渐采用班级授课制。

（一）个别教学制

个别教学制是与古代生产力相适应而产生，是一个教师对一个学生或几个学生的教学组织形式。在这种教学组织形式下，教师与学生直接接触，交流频繁，更易做到因材施教，强调发挥学生的主体作用，让学生从自己的知识基础、兴趣爱好和学习能力出发，确定学习的范围和进度，灵活安排学习的内容和时间，确定学习的任务和要求。教师的作用主要在于指导和帮助学生自学和独立钻研，并对学生的学习结果进行反馈和评价。

（二）班级授课制

班级授课制是集体教学组织形式，是将一定数量的学生按照年龄或对知识理解的程度分成固定的班级，安排教师对这些年龄或知识掌握程度相似的学生进行集体教学。这种教学组织形式的效率极高，一个教师可以对数十名学生进行教学，其缺点是不易关注学生的个性化发展。我国最早于1862于在北京京师同文馆采用班级授课制。清政府宣布“废科举、兴学堂”后，全国逐步实施班级授课制。

（三）分组教学制

分组教学制就是按学生的能力或学习成绩把他们分为水平不同的组进行教学。它的主要类型有能力分组、作业分组、学科分组等。分组教学制的优点在于它比班级授课制更切合学生个人的水平和特点，便于因材施教，有利于人才的培养。这种教学组织形式更加注重根据能力划分小组，教师可以对不同能力小组制定不同学习任务，更易因材施教。

（四）道尔顿制

道尔顿制提倡不再对学生进行系统的授课，也不再有固定的教材，教师对学生制定参考书目，并布置学习任务，使学生进行自学，当学生在学习中遇到困难时教师再对其进行辅导，每隔一段时间或某一阶段学习任务完成后学生向教师汇报学习情况，之后教师对学生进行考查。这种教学组织形式能够充分发挥学生的自主性与主动性，但对教师与学生的要求都较高，且不利于学生系统掌握知识。

第三节　现代小学教育文化管理

一、小学文化管理概述

（一）小学文化管理的概念

1. 文化的定义

文化一词的使用越来越广泛。文化的核心由两部分组成：一是传统的思想，二是与它们有关的价值。我国学者更多地从社会学的角度来阐释文化。杨宪邦认为，文化是一个社会历史范畴，是指人类创造社会历史的发展水平、程度和质量的状态[①]。文化可以说是人与自然、人与世界全部复杂关系种种表现形式的总和。张岱年认为，所谓文化，包括哲学、宗教、科学、技术、文学、艺术以及社会心理、民间风俗等[②]。专家、学者对文化具有不同的观点，但在阐释中存在着基本的一致性和共同性，他们大多承认文化伴随人类而来，是人类创造的。广义的文化着眼于人类与一般动物及自然界的本质区别，着眼于人类存在于自然中的独特生存方式，其涵盖面非常广泛，因而认为文化是指人类所创造的物质财富和精神财富的总和。狭义的文化则专注于精神财富的创造活动及其结果。

2. 文化管理的界定

在现代学校管理背景下，对学校管理的要求越来越高，学校管理不能只涉及具体管理某一事件，而是要提升学校整体风貌文化管理。对学校进行文化管理的目的并非解决某一具体事件，而是以学校的可持续发展为落脚点，通过对校园环境、校园风气等物质或精神方面的管理，综合提升学校的精神面貌，它是对学校长期发展的综合性管理。孙鹤娟博士认为："什么是文化管理？我以为，文化管理就是'人化管理'，就是以人为出发点，并以人的价值实现为最终管理目的的尊重人性的管理。[③]"

文化管理是以文化为载体，本着依靠人、尊重人、成就人的原则，从物质、精神、制度、行为四个层面影响带动发展，以达到提高质量、提升品牌的目的。文化管理关注的是人，不是传统意义上的"工具人"，而是更高级意义上的"文化人"。把人作为管理的主要对象和重要资源，尊重人的价值，全面开发人的潜能，以谋求人的全面自由发展为最终目的，是真正意义上的以人为本的管理。那么，文化管理就是"人化管理"，就是以人为出发点，并以人的价值实现为最终目的的尊重人性的管理。文化管理的这种管理方式是通过管理主体与对象主体（中介主体）之间所形成的文化力的互动来实现的。

3. 小学文化管理的含义

学校文化管理是文化管理的子系统，是指学校教育组织系统中，所有个体共享的价值、规范、行为准则和成员之间的相互联系与作用方式。学校文化管理是以具有学校特色的精神形式、制度形式、物质形态和行为外部表现，凝聚和激励学校群体成员进行教育教学改革的重要精神力量，是素质教育深入实施的一种激

---

① 杨宪邦．中国哲学通史（第 1 卷）[M]. 北京：中国人民大学出版社，1990.

② 张岱年．儒学与市场经济：儒家思想与市场经济国际学术研讨会论文选 [M]. 北京：人民教育出版社，1998.

③ 孙鹤娟．学校文化管理 [M]. 北京：教育科学出版社，2004.

励机制，是学校发展的内驱力。学校文化管理要尊重多元的文化个性，文化只有在多元状态下才能繁荣，文化空间也只有在尊重个性的前提下才具有张力。学校的发展需要个性，需要多元。学校文化管理的目的就是实现学校的办学目标，同时实现每个师生的个人目标，一般而言二者应该是正相关的关系，更多时候也应该是互为条件和目的的，或者说是互为手段和目的的。学校文化管理也是一种管理模式或管理方法，是学校管理模式或方法中的一种。

小学文化管理是指运用一定的思想和理论，对小学文化所涵盖的所有事务进行管理的一种社会实践活动。小学文化管理是学校文化管理的具体化和特定化，它在小学教育改革中具有重要的影响力。

（二）小学文化管理的必要性

1. 制度改革需要学校文化管理

制度改革是改革成功的关键，也是改革的攻坚战。因为制度改革的背后是利益的重新调整，制度背后还有更深层的文化问题，即组织成员的内隐规矩和内隐概念。制度改革必须以组织成员的内隐规矩和内隐概念的转变为基础，而内隐规矩和内隐概念的转变是一个渐进的过程，是一个不断诊断、不断改造的过程，是一个促使教职工不断改变自己行为方式的过程。这里就需进行适时的学校文化管理。

2. 人本管理的有效性呼唤学校文化管理

人本管理的理念早已被管理者所接受，人的发展与经济发展的关系在根本上也是价值取向问题，是文化问题。物质、资金以及人才都具有可转移性，而文化不同，它能够整合、积聚资源，并使其具有一定的不可转移性，即固化为的公共物品——学校文化。一个组织对于物质与资金的管理方式，是由该组织对待资金与资源的方式决定的；相同的，这个最直接整合人才的方式方法也是由这个组织对待人的态度决定的。对于小学来说，对人的管理关键在于文化管理，可以说文化管理就是小学管理的核心。优秀的小学对人进行管理必然会向着文化管理方向发展。

（三）小学文化管理的基本特征

1. 文化管理是促成主体意义自觉的管理

文化的世界本身就是意义的世界，因此，依靠意义的引领则成为文化管理的特征之一。所以，学校管理者实施或落实相应的管理，或解决学校及学生管理过程中的一些矛盾，必须依靠相应管理要求，尤其是对教师或学生管理过程中所出现的矛盾的化解，需要进行相应意义的引领，这种引领就是通过指引和带领，让师生自己获得相应的意义，即意义自觉，从而形成合理的共识，促进组织内部的和谐与统一，共同为实现学校（或组织）目标而努力。要促使师生形成意义自觉，学校管理者需要具有意义诠释的能力。

2. 文化管理是一种潜在的、内化的管理

文化管理是一种潜在的、内化的管理，是一种依靠组织成员自我管理的管理。潜在是指这种管理并不是显性的，不是传统的科学管理中依靠条条框框对组织成员的硬性要求为基础的管理。它是一种内化的管理，是指对组织成员进行思想的管理。然后，由组织成员自己对组织要求内化后，变成一种思维与行为的自觉，这种管理强调的是在组织成员的内心产生一种潜在的、内化的思维和行为。

3. 文化管理是一种以人为本的管理

可以说人本性是文化管理最为显著的特征之一。所谓以人为本，最简洁的解释就是从人性出发，重视人、尊重人、服务人、发展人。文化管理必须从管理者和被管理者的需要出发，确立人在管理过程中的主导地位，只有这样才能充分调动人的主动性、积极性和创造性。所以，文化管理就是要对人给予足够的关注。所有的组织，尤其是学校，其一切管理活动的根本目的，就是完善人的道德和意志品质、发展人的智力、提升人的体力，使被管理者与管理者一同获得全面而又自由的发展，这就是文化管理所具有的以人为本的特征之所在。在实施文化管理的过程中，管理目标、管理过程、管理手段、管理结果要能够体现对人的重视、尊重并促进人的发展。

4. 文化管理是一种重视非理性因素的管理

泰勒的科学管理理论、法约尔的古典组织理论及第二次世界大战之后的管理科学学派、系统管理学派都属于理性管理范畴。理性管理将人、财、物、信息等管理要素或对象的地位和作用视为一致，即人也被视为一种资源客体；理性管理将对人的要求通过严格的规章制度来进行相应的约束甚至强迫，将生产的过程设计成标准的操作程序，让工人照此去做，即运用科学的方法、求真的思维把一切事务都规范化、标准化、系统化，即理性化和数量化，通过周密的计划、组织、控制和逻辑程序就能达到提高效率的目的。科学管理或理性管理的根本错误就在于所建立的“经济人”假设的错误，即人是追求利益最大化的“经济人”，是可以通过制度和利益机制对人进行诱导和控制的。而重视非理性因素的文化管理，则认为人并非完全是理性的，教育学生时，如《学记》中所云“亲其师，乐其友而信其道”，这些为普通人所熟知的话语，都清楚地告诉我们，人类既具有理性思维，而又经常出现非理性思维和行为的特殊群体。因此，文化管理强调以人为中心，重视人性中还有非理性的一面。

5. 文化管理是一种具有长效性或持久性的管理

在一定的组织中生活一段时间的组织成员，都会被打上该组织所特有的文化烙印。同样，人到了新的组织中后，因为相互之间文化的差异，有的人非常适应，会选择留下来；有的人选择留下来，慢慢地去适应；有的人认为自己绝对无法适应，而选择离开。反过来，一定组织中的成员到了新的组织，其原属组织文化的烙印，也会被带到新的组织中去，作用于该组织或与之接触的组织成员。

二、小学文化管理内容

小学文化作为人类文化体系中重要的有机组成部分，在整个基础教育中具有重要的地位，在人类知识传播、知识创新、人才培养和科学研究实践中起到重要的作用。它通过学校的核心价值观、精神文化、环境文化、制度文化以及师生共同的行为等各种文化因素，以规范、暗示、熏陶、启迪和管理等方式，对学校内的成员进行制约和影响，直接或间接地影响学生的思想观念、道德体系、心理人格和行为习惯，从而促进学生德、智、体、美、劳等综合素质的和谐及全面发展。它也主导着教师的教育理念和育人方针，进而增强教师的职业幸福感和加快教师的专业成长。

（一）小学文化管理中共同价值的塑造

学校文化管理是一种“人化管理”，从某种意义上可以说是依赖与依靠学校全体员工共同的精神追求，并积极促进与发展全体员工共同精神追求的管理模式。所谓“学校文化管理中共同价值的塑造”就是不断提升学校员工的精神追求，并在此基础上形成学校共同价值观的过程。

1. 价值引领与精神境界的提升

学校文化管理把学校价值观渗透到学校管理的各个方面、各个层次和全过程，用文化的手段、文化的功能、文化的力量统领个体价值观，整合学校价值观，促进学校整体素质的提高。学校价值观是学校文化的核心。一所学校选择什么，崇尚什么，追求什么，外显为校风，内隐则是学校价值观。学校价值观的塑造是通过文化管理来实现的。学校文化建设的核心是共同价值观建设。对于学校来说，根深蒂固的价值观提供了衡量内驱力的尺度，共同的规则和评判准则决定了每个成员共同的行为取向。从这个意义上说，学校的办学行为、教师个体的教育行为，都受学校整体价值观的统领，所以学校价值观的建设是学校建设的核心。

2. 集体话语的引领与学校共同价值观的培育

一个组织的话语由三部分组成：个人话语、集体话语和权力话语。个人话语是个人的声音，代表个人的情感和意志，是个人话语权力的体现；集体话语由个人话语组成，是集体状况与集体情感意志的表达，学校集体话语是学校组织成员集体观念的凝聚，体现着集体性格、集体品格和集体价值，透过集体话语就可以看到一个集体的精神世界；权力话语是管理者的声音，代表组织的管理利益与管理意志。三者常处于对抗与融合的互动状态。

学校的文化管理要做好个体话语、集体话语与权力话语的协调融合。学校的权力话语要接纳集体话语的声音，集体话语也要真正体现个人话语的声音。其中关键环节是集体话语，集体话语有正向价值，也有负向价值，因此需要合理引领。在学校的文化管理中，要注意通过引领集体话语来引领学校价值观，引领学校的文化走向。

（二）小学文化管理中管理制度的改革和完善

学校管理要以制度为载体和手段来实现管理目标，其表现形式为管理制度是一种文化样式，是学校管理思想、价值准则的外化。学校管理制度是一种学校文化，它所蕴涵的是管理者的办学思想和管理理念，反映了管理者的意志、愿望。学校管理制度的演变，就是学校管理思想创新的产物，它的更迭和演进可以揭示学校办学思想和管理思想的更迭和演进。

管理制度作为一种管理手段、一种管理形式，存在于任何一种管理样式中。但在不同的管理样式中，管理制度的价值指向不同，管理制度的内容也不同，这是因为管理思想不同。从文化管理的思想出发，建构学校的管理制度，必须建立在对经验管理、科学管理中的僵化的“物化管理”思想的否定和超越的基础上。

学校文化管理突破了纯理性管理理论框架，从文化的角度审视、完善管理理论，使学校管理更富有人情味和文化色彩；它不仅研究人，还研究学校精神、价值观念与学校管理对象之间互动机制的形成与建立，并以发展人为管理的终极目的。学校文化管理有以下几个特点。

（三）小学文化管理中的激励

管理者的基本职责有下列五种：设定目标、组织、激励和沟通信息、业绩考核、管理发展。核心任务当是激励和沟通信息——管理者把负责各种工作的人组织起来激励他们为实现目标而努力，同时处理好人员配置、待遇、晋升等工作，经常与上级、下属及同事联系、沟通。可以看出，激励是一种核心管理手段，是为完成任务而采取的措施。在学校文化管理中，激励是为了使人自主发展。

1. 激励的内涵

从哲学基础上可将激励界定为：激励就是行为主体根据对激励对象的理解而采取的相应的刺激方式，作用于激励对象的动机、目的、行为，从而达到行为主体的目的，使被激励对象更好地服务于组织的过程。

第一，激励是一种刺激，是一种行为动力，所以可以说成“激励力”。这个“力”的原点是施加激励的人，是激励的行为主体；这个“力”的载体是刺激方式；这个“力”的方向是指向被激励对象的。“激励力”的大小取决于施加激励者和被激励者的呼应程度。

第二，激励的行为主体是管理者和管理组织，激励体现了管理者的意志，是一种管理者有目的的活动。所以管理者要激励被管理者，管理者期望通过被管理者的参与而达到自己的目的。激励活动从一开始就指向目的。

第三，激励是一个过程，是一个包含几个环节的过程，是几个环节有序连接的过程，这是一个被激励者由于受到刺激而认识到问题的过程，是一个自由而自主的行为过程。

第四，正确解读被激励者的需要，激励方式才有效，才能使激励效果提高，否则激励就无效。有效选择激励方式以及有效运用激励手段实现管理者的目标的关键是对激励对象的需要的正确解读。

第五，激励过程中充满着对人的认识和关怀。这样的激励方式与“以人为本”的文化管理相呼应。管理的核心是对人的管理，而对人的管理的根本目的是调动人的积极性，使其满腔热忱地投入工作中，做出最佳工作成绩。管理者可以精确地计算和计划使用财力和物力，但还无法精确地计算和计划使用人力资源，特别是人的内在潜力。所以文化管理境界很高，内涵很深。

2. 激励的基本原则

①学校文化管理中的激励必须以解读人为过程，以尊重人为手段，以发展人为目标。

②对于“文化人”的激励，要坚持重心“内置”，即以满足教师和学生的需求和实现个人成长目标为主。

③对于一个高层次的文化群体而言，要靠优秀的组织文化和良好的组织氛围去调动人的工作积极性。

④文化管理中的激励策略应当是正激励和负激励的结合。应用得当，其都可以成为有效激励。

⑤激励应公正。管理者在对人进行激励时，一定要有一种公平的心态，不掺杂任何偏见和喜好。

⑥激励的周期不宜过长，及时才更有效果。

⑦激励作用力的大小取决于对激励对象需要的理解和满足程度，要把握切合性。

（四）小学文化管理中领导行为的转变

在学校文化管理中，领导者也要以关心人、培育人、满足人的物质和精神需要为根本出发点，自觉地转变领导行为。

在文化管理中，学校领导必须转变自己的行为。领导行为的转变是以领导观念的转变为前提的。这一转变包括：从追求利益最大化到合乎法律和伦理的转变；从手段到目的的转变；从关注组织目标、战略、结构、制度到强调组织价值的转变。

管理的基本伦理是对人的尊重，这种尊重包含以下内容。

1. 树立符合人性的管理理念

尊重人性是文化管理的基本思想。管理资源中最重要的是人，人是使管理作为一种活动得以运行的发生器。所以，管理应当是一种人的本体行为，是人类反作用于自身的行为。

2. 实现体现人性的情感管理

情感管理是文化管理的重要内容。它特别注重人的内心世界，根据情感的可变性、倾向性等特征进行管理，其核心是激发员工的积极性，消除员工的消极情绪，通过情感的双向交流和沟通，实现有效管理。情感管理的最大特点在于从内心深处去激发每个人的内在潜力、主动性和创造精神，使他们心情舒畅、不遗余力地工作和学习。这种通过人性激发形成的主人翁责任感，是一种内在的自律性因素。

3. 创造适应人性的工作氛围

敬业、进取和宽容的合作氛围，以及合理的、有效的激励制度能激发人的积极性和创造性。

4. 建立尊重人性的工作方式

近年来，随着社会物质生活和精神文化的发展，人们的工作方式、生活方式日趋个性化。个性是指一个人在心理活动过程中所表现出来的全部稳定的心理特点的综合，它包括个性倾向性和个性心理特征两个方面。其中，人的个性倾向性鲜明地反映出一个人基本的社会特点，具有意识的倾向性，一般表现为兴趣、爱好、需要、动机、态度、理想、信念、价值观、幸福观、人生观和世界观。个性倾向性集中了一个人的社会性、思想性，是一个人的本质特征。其中兴趣、需要、动机、价值观关系到人的行为动力、价值取向和积极性的发挥，是管理工作的重点。要了解人的个性，尊重每一个人的人格，相信每一个人的才能和力量，善于发现每一个人的优点和长处，并以真挚的情感对待和教育人。要尊重教师的不同个性、尊重教师个性的发展，这是形成学校合力的基础。

三、小学文化管理实践

学校文化管理是一个长久而辛苦的过程，需要经过不断的努力方能实现，不可能一步成功。所以，好学校是用文化管理引导、精心打造和培养出来的。这是一种长久的信念，也是一种长久的追求。

小学是开展基础教育的基本场所，小学教育对学生情感、态度和价值观的培养尤为重要。当前学校的核心竞争是学校文化的竞争。因此，如何进行小学文化管理实践，是学校领导者及教师探究的永久性话题。以下主要从四个方面探讨小学文化管理实践。

（一）加强团队合作，整合学校共同价值

1. 树立共同的价值观，推进理性与价值的融合统一

学校价值观是学校文化的核心。学校文化管理就是要通过调整、创新和整合塑造正确的学校共同价值观，以实现对教职工的价值引领。学校价值主体是多样而非单一的。建设学校文化，就必须认识到学校价值主体的多样性。同时，筛选出多样的学校价值主体和共性价值观，把它们定义为学校的核心价值观或主流价值观，并在此基础上尊重多元价值观的存在。在推进理性与价值融合的过程中，一要尊重人并调动人的积极性，以及培养人、发展人。二要实现对全体师生真正的人文关怀，进而统领学校精神；对人施以理性关注、价值观引领和精神锻造；用学校目标影响教师价值选择，从而使学校教育目标与个体价值追求理性整合，实现学校的持续发展和教师个人的自由全面发展。

2. 建立和谐的人际关系，推进个人与整体的融合统一

学校人际关系的情感管理是学校人际关系管理的一种重要手段，其实质是以情感为中介，协调学校各种人际关系，其目的在于使学校群体、个人都处在团结、民主、和谐、宽松的氛围中，形成相互信任、相互尊重、相互理解的人际关系。学校的兴衰荣辱与学校每个成员息息相关的。因此，教师要有高度的主人翁责任感，尊重领导，服从领导，支持并协助领导搞好工作。构建和谐校园必须注重学校诸要素的和谐发展，在提倡谅解与宽容、促进公平与公正的和谐氛围中，增强学校竞争实力，获得效益的整体提升。校长作为学校的第一负责人，要在办学形式上下功夫，要用自己的实力、活力、魅力去影响师生，使其形成共同的价值观、群体意识、行为规范等。

（二）加强学校文化建设，创设学校文化管理的环境与氛围

良好的学校文化可以使人们团结一致，共同追求崇高目标。学校文化建设就是要把先进的办学理念转化为具体的、大家都认可的理念，并形成可实现的目标。

1. 学校精神文化是小学文化建设的核心

学校精神文化是小学文化的深层次体现形式，是指学校在长期的教育实践中受一定的社会文化背景、意识形态影响而形成的，为全部或部分师生所认同或接受的精神成果与文化理念，表现为学校风气、学校传统，以及教职工的思维方式等，是学校整体精神面貌的集中体现，具体包括学校的价值观、学校精神和学校形象三个方面。

进行学校精神文化建设应从学校的教育实践、教师的教学实践、学生学习实践中提炼出核心价值观，并与本校的办学特色相联系，让全体师生共同参与学校价值的构建，学校价值观的表达要简单易懂，能鼓舞人心，借助校歌、校训、校徽来体现学校的主导意识，用简洁而富有哲理的语言形式概括学校精神，提高学校的知名度和美誉度。

2. 学校物质文化是小学文化建设的前提和支撑

学校物质文化是小学文化建设的前提和支撑，是实现目标的途径和载体。文化管理要“变人的物化为物的人化”，把物、时间、空间进行“人性化”，使之成为教育思想的载体和标识，让校园各种建筑物、各项设施都散发出文化气息，全方位营造出一个充满浓郁文化气息、健康和谐的育人氛围。物质文化的建设一定要与学校的整体文化相得益彰，精致是学校物质文化建设的追求。

3．学校制度文化是小学文化建设的保障

学校制度文化是小学文化建设的保障，是学校文化的一部分。具有科学完善的管理制度是办好一所学校、形成独特文化和风格的基础。学校管理必须有章可循、有法可依。学校制度文化建设要注意挖掘制度的人本内涵，将人性化和法制化相结合，目标性和可接受性相结合，规范化和灵活性相结合，使学校制度转化为师生的自觉自律，最大限度地保障师生的利益。

4．学校行为文化是小学文化建设的成果表现

学校行为文化是指师生在教育实践中产生的活动文化，是学校精神面貌、人际关系的动态表现，也是学校精神、学校价值观的折射。学校行为文化建设可从以下几方面入手：学校层面上，加强学校与社区的联系互动；教师层面上，在新课程背景下加强教师的师德行为、教学行为、师生关系行为的建设；学生层面上，使学生的养成行为、学习行为、集体合作行为、健康行为适应课程的要求，围绕素质教育的核心内容开展活动，坚持以德育为核心，以培养学生的创新精神和实践能力为重点。让学生在生活实践中，借助社团活动来加强学生行为文化建设。

（三）加强激励机制建设，激发学校成员的主体意识

根据马斯洛的需要层次论可知，人都是需要被认可、被肯定、被赏识的。而激励是以人的需要为前提的心理过程：激励—努力—绩效—奖酬—满足。既然文化管理是侧重关心人、尊重人、发展人的一种管理模式，那么科学的、完善的激励制度的建立可谓实现学校文化管理的重要保障。从激励到努力，关键在于所采用的激励方式或目标是否能促使下属努力工作，如果激励目标本身对下属价值不大，缺乏吸引力，就不足以调动其积极性，如果激励目标价值过大，但实现的可能性很小，同样不能起到激励作用。所以，学校要科学地制定办学目标，明确集体目标和个体目标就显得尤为重要。从努力到绩效，除了本身的能力水平外，还有客观条件和环境的限制。学校要营造良好的竞争气氛，提倡良性竞争，积极采用各种有效的竞争方式，尽力创造一种紧张、健康、和谐的竞争氛围，就每个教职工在竞争中充分发挥聪明才智，从而为实现学校的总体目标而努力。从绩效到奖酬，主要是对教职工绩效的考核、评定，这个过程要求科学、客观、公正。否则，不但不能起到激励作用，还可能引起不满情绪。从奖励到满足，关键是要注意奖励的方式，根据教师的需要，要注意精神奖励和物质奖励的有机结合。总之，有效的激励制度能够激发教职工的内驱力，激发人的主体意识，发掘人的潜力，促进人的自主发展，能够推动学校文化管理的尽早实现。

（四）构建平台，强化管理者服务，促进文化管理的实施

学校领导要改善学校的组织架构，这是实现学校文化管理水平提高的首要条件。学校应该对现有的办公室、德教处、教学处、总务处等科室的功能加以调整，建议尽可能设置教师发展室、行政中心、课程与教学室、家庭教育室和学生发展室等几个部门，然后制定各个部门的相应新规则，再对各个部门的工作情况进行评比。

第四章　现代高等教育管理路径的多维思考

高等教育是现代教育的重中之重，本章介绍现代高等教育管理路径的多维思考，主要从我国高等教育的内部管理、我国高等教育教学与科研管理、我国高等教育的学生管理三个方面进行介绍。

第一节　我国高等教育的内部管理

一、高校内部管理体制改革现状

（一）高校组织结构的调整

高校是一个相对独立，且具有自身运行规律的社会组织。在我国高校行政管理组织结构和高校学科组织结构中，处于核心和主体地位的是高校学科组织结构，是我国高校组织结构内部改革的重中之重。

1. 我国高校学科组织结构的调整

就组织特性而言，目前我国高校是以学科为基础的学术组织结构，应该通过激活学术细胞、提高学术生产力、增强学科发展的活力来变革我国高校学科组织结构。随着高等教育内涵与功能的不断拓宽以及高校规模的扩大，高校的学科分化、高校内部的组织结构更是日趋复杂化。

纵观我国高校的发展历史，高校学科组织机构始终遵循的是校—院（系）—教研室的单一化纵向管理模式。改革开放以后，特别是最近十几年，随着我国高校内部管理体制的改革，高校学科组织结构由于高校规模的不断扩大和学科的逐步分化，已演化成多种模式，大致形成了以“校—院—系”为主要结构的五种代表模式：①校（学院）—系—教研室；②校—学院—学系；③校—学院—系、所；④校—学院—学科；⑤校—学院—学系与校—学系、所、部、中心并存的模式。改革开放前，我国高校内部管理体制是在学习苏联高校办学模式的基础上发展起来的，长期以来一直沿用的是计划经济体制下所形成的三级管理体制，即校、系、教研室三级管理。

（1）三级管理体制的弊端

我国高校长期实行校、系、教研室三级管理体制，在系下面建立教研室或在研究所下面设立研究室，基层的教学、科研和行政单位都是围绕高校教育开展教学活动。在行政职能上，基层教研室过多强调教研室或系的独立性、完整性而导致各自为政现象比较突出。

在校、系、教研室三级管理体制下，高校的教学科研力量较薄弱，教育资源的配置不够合理，不利于高校的自我约束、自我发展和自主办学机制的形成，也不利于培养复合型人才，同时学科专业的跳跃发展受限，导致二级院系办学没有活力，办学的积极性受到了限制，进而影响高校整体办学水平、办学效益。

高校学术管理的重点在基层，如果基层组织缺乏学术活力，过分强调行政权力，忽视学术在高校内部的主导地位，则必然制约学科水平的提高。

（2）组织结构创新再造

在西方一些发达的国家，高校的内部管理同时存在着欧洲的研究所体制和讲座制、美国的学系制与系科制，他们的共同特点是以环境的变化、社会的发展为依据，对高等学校进行组织结构的创新和变革，并且保证基础学术组织的发展，教授享受学术民主与自治的权利。

近些年来，我国的高校参考了企业的“业务流程再造”的思想，使高校学科组织结构向“扁平化”的组织结构进行转变。权变组织理论提出，世界上不存在万能的组织结构模式，组织结构只有适应组织内部与外部环境，才可以使组织高效地运转。因此，组织结构创新和变革不可以仅依靠传统的模式，而是应建立在对组织结构特殊的内部环境和外部环境进行辨识的基础之上。

高校学术上的组织结构创新，照搬或模仿是不可行的，应该根据组织的内部环境及外部环境的特点设计组织结构，充分发挥高校的自主权力，同时，国家要加大对高校分类指导的力度。我国的教学科研型大学及研究型大学应依据自身的组织目标和规范，打破“系所为一”的局面，在现行的“校—院—系”管理模式基础上，组建并调整一批研究机构，修整以本科教学为重点的学术组织结构，从而高效地开展高水平的研究工作，壮大并促进新学科的兴起，激发高校的学术研究活力，从而真正实现以学科为重、以学术为基本的组织结构。

（3）学院制

从管理层次上看，20 世纪 90 年代以前我国高校是校、院、系三级管理和校、系二级管理并存。但是，从20世纪90年代末到21世纪初，为了与国际接轨，同时也是高校自我优化结构、强化功能的现实选择，学院制成为我国高校院系管理模式的主流。目前高校学院的组建类型大体有以下几种：①由系升格为学院（系级院）；②以学科群组建学院（学科性）；③按照产业或行业设置产业学院；④高校与地方政府或企事业联合共建学院。其中，由系升格为学院这种模式可称为校院二级管理模式或称为校院系三级建制二级管理模式。在我国研究型综合大学中，根据一级学科建立学院的高校不在少数。实行学院制是优化校内资源配置的需要，由于学院建制比系级建制大，学院可以对人、财、物等进行综合调配，能充分利用各种资源，适应了现代大学科学管理的需要。

（4）学科组织结构

综上所述，改革高校的管理模式，尤其是高校组织结构模式，已成为必然趋势。学科是我国高校教学、科研和社会服务工作的基本组织单元，学科水平的高低能够反映高校核心竞争力。学科建设，特别是学科组织结构的设置，是影响我国高校办学水平及发展的关键因素。

2.我国高校行政管理组织结构的调整

我国高校行政管理组织结构仍然是典型的校级、处级、科级三级管理模式。这种组织管理模式重心偏上，权力主要集中在学校，以行政权力为主，是高度集权的管理模式。

（1）行政管理弊端

在高校行政管理方面，学校管理机构基本上是参照政府的行政模式设置的，并实行与政府相同或相似的运行机制。这种行政管理组织结构的弊端逐步显露：①在机构设置上，机构重叠、庞大；②在职能划分上，职能不清、职能不顺及职能不配套；③在权责体系的分配上也出现了权责不明、权责错位的现象；④在人事制度上，更是出现了人浮于事、人与人脱节的问题；⑤在领导体制上，有层级间不连接、部门间配合度低等现象。

（2）组织结构的调整

我国原有的高校行政管理组织结构的改革一般都是从精简机构入手，其着眼点只是从数量上减少，而在层次减少方面没有实质性的体现，办事程序依然是由科级、处级、校级层层审批。

① 20世纪80年代中期，高校内部开始了行政管理组织结构的新一轮改革。改革中学校给了中层职能部门较多的自主权，特别是在劳动分配方面，各部门经济上相对独立，转变部、处职能，学校由过程管理转变为目标管理，增强了活力。

② 20 世纪 90 年代中期，由于高校合并、扩招等，党政机构及管理人员大幅度增加，高校除了传统的教学科研外，还创办了颇具规模的产业，这使得高校的行政组织结构更为复杂。这一时期各高校针对弊端进行了以机构编制改革为主的组织机构改革。

③近年来，随着我国高校建设的不断发展，诸多问题得到了解决，内部组织结构更加科学、合理、完善。例如，高校管理系统聘用专业人员，让高校管理变得快捷、高效；院校内层级更加明确，由负责人带领，院校各个部门分工明确，综合办事效率得到了提高。同时高校还形成了现代高等教育结构，使高等教育系统内各组成部分之间联系紧密，高校内部形成了一个多维、多层次的结构体系。

（二）高校办学自主权的探索

我国高等教育体制改革的关键是高校办学体制的改革，而办学体制改革的核心是落实和扩大高校的办学自主权，使高校能够真正面向社会自主办学。

1. 高校的自主办学体制的建立

1979 年复旦大学校长苏步青等发表的《给高等学校一点自主权》，推动了我国对高校自主办学的探索。之后，在国家统一指导下，高校与生产、科研和社会加强了联系，高校适应经济和社会发展的能力得到了提高。随着我国改革开放的不断深入，高校办学自主权在 1993 年得到了进一步的明确。

2. 通过立法明确高校自主办学的权利和义务

1994 年，第二次全国教育工作会议提出要使高校真正成为面向社会自主办学的法人实体。

截至目前，我国高校有 7 项办学自主权，即招生自主权，设置和调整学科、专业的自主权，教学自主权，开展科学研究、技术开发和社会服务的自主权，开展对境外科技文化交流的自主权，进行内部机构设置、评聘教师和其他专业技术人员和调整津贴和工资分配的自主权，财产管理和使用的自主权。其中，在制定招生方案、调整系科招生比例方面拥有了部分自主权；在调整学科、专业设置方面具备了部分决策权等。

（三）高校教师人事制度的改革

从某种意义上讲，高校办学水平与教育质量的高低主要取决于人力资源管理制度及其运行的效果。改革开放以来，我国高校的改革重点一直围绕着改革人事制度、优化人力资源的配置、提高人力资源的利用效率和质量进行。高校经过了多年教育体制改革，在以劳动制度、用人制度和分配制度为核心的高校人事制度改革上取得了成效。

1. 自上而下的理性建构

国家是改革的主体，对制度的制定、颁布都由国家统一执行。其中，高校最突出的就是院系的调整，对院系的改革调整使原有的人事制度被打破。

2. 新制度形式的统一仿效

我国高校通过向国外现代大学学习高等教育人事制度的学习，将高校强制纳入统一计划管理体系，确立党对高校和教师的绝对领导。

今后，将要进一步加大高校教师在职称制度、用人制度、分配制度等方面的自主权，促进各高校从我国发展的角度出发，科学合理地设置教师岗位、优化教师资源、提高教师教育质量。同时，要建立健全我国高校教师职业准入制度，形成严格的教师选拔机制和程序，将高校同行评议的机制引入教师聘任制度中。要形成全新的我国教师聘任管理模式，科学、公正地考核教师的绩效，建立教师专业发展制度，促进教师的职业发展。

（四）高校后勤制度的改革

后勤服务是高校办学的重要辅助活动，与教学、科研等功能活动和行政管理等构成了高校有效运行机制的必不可少的重要组成部分。改革开放以来，我国高校后勤制度的改革历程实际上就是制度变迁的过程。十多年来，在高校后勤制度改革进程中，在探讨后勤制度变迁方面，我国学者普遍认为，后勤制度变迁是诱致性制度变迁过程，本书认为后勤制度变迁实际是一个强制性的制度变迁过程。

高校后勤制度变迁的主体是后勤职工，但是，改革始终是在后勤主管部门的领导及指导下进行的。后勤制度的变迁离不开主管部门的强制性推动，后勤社会化的改革实际上是后勤职工追求的“外部利益最大化”的诱致性的制度变迁，但其表现形式却是一种推动性的强制性变迁。因此，高校后勤主管部门的推动仍然对改革起着关键性作用。

二、高校内部管理体制问题

（一）管理边界问题

改革开放以来，指导我国高校内部管理体制的文件大部分是国务院或者教育部下发的文件。

1.1998年《中华人民共和国高等教育法》

主要表现在第三十九条明确规定："国家举办的高等学校实行中国共产党高等学校基层委员会领导下的校长负责制。"[①] 从这一规定看，党委的职责是"领导"，而校长的职责是"负责"。我国在法律法规表述上需要进一步清晰、明确地表述党委和校长各自的职责范围以及所应该承担的其职权范围内的责任。

实际上，我国法律法规应明确界定二者的关系并非从属关系，二者应同时对国家和高校负责，应独立承担各自所应该承担的职权范围内的责任。

2.高校自主权的规定

相关法律法规应将政府与高校两者之间的关系表述得更清晰，应更清楚地明确政府对高校的管辖范围和职能，真正赋予高校作为社会法人所应享有的自主办学权力，并在法律法规中清晰表述政府和高校出现越权违法的责任，明确高校与政府两者在关系上的法律化。因此，我国应该有针对性地解决高校内部管理体制改革中颁布的一些法律法规中有可能会出现的问题。

（二）权力结构问题

权力的核心是对资源的占有、支配和控制，政治权力、行政权力、学术权力在主客体价值趋向、职责范围和运行机制方面有所不同，在实际实施过程中往往存在着矛盾与冲突，这些矛盾和冲突在我国高校表现为以下两方面。

1.权力主体的冲突和矛盾

高校作为一个学术研究机构，知识是其基础，身为知识的所有者、传递者以及学术创新人员和学术机构都有资格控制高等学校。

高校是由社会共同建立的，应为社会服务，因此，又应是一个正规的社会组织。既然是组织，就应该有一定的专业人员对其进行控制与管理，否则极易出现杂乱无章、无秩序、无组织的局面。对于上述情况，政治权力、行政权力、学术权力对于高校的控制权有时处于博弈与争持的状态中。

2.权力客体的冲突和矛盾

存在于高校内部的事务错综复杂。各个权力的客体在固定的工作范围中应有明确的负责项目。因此通过对使用性质、使用范围的确定与划分，从而使各权力主体遵守管理活动中的规范秩序。

---

① 全国人大常委会办公厅．中华人民共和国高等教育法（最新修正本）[M].北京：中国民主法制出版社，2016.

（三）组织结构问题

1. 高校组织的结构改革的核心即学院制改革

在学院制改革中，高校各个部门更需要切实加强校、院、系三者的职能转变，同时，应对校、院、系三者的权力相应地做出调整，这个问题的解决是高校学院制改革顺利推行的关键所在。在高校中，学校作为独立的法人，学院是办学主体，系（教研室）是办学的基本单元。

2. 下放权力

目前改革高校内部组织结构，全面推行学院制首先要解决的问题就是理顺学校和院系的责、权、利三者之间的关系，并赋予学院更多更大的权力。因此，下放权力，使管理重心下移，实现由学校集中统一管理向以学院（系）为中心的两级管理的转变，是当前内部管理体制改革中组织结构调整的关键。

三、高校内部管理体制改革路径

（一）加强高校内部管理制度体系建设

内部管理制度体系建设是提高我国高校管理水平的重要内容之一。推进我国高校内部管理制度体系建设，才能实现科学治校、民主治校、依法治校。

1. 科学规划、整体设计、注重效益、规范建设的原则

可依据各高校的具体工作内容以及属性进行横向制度建设，如高校的法人制度、组织制度、人事制度、教学制度、学科制度、学术保障制度、资源配置管理制度建设等；也可按照各高校各管理层级进行纵向制度建设，如学校层面的制度建设、院（系）二级单位的制度建设等。高校内部管理制度体系建设的内容应当包括对理念目的、内容、依据，以及体系结构、功能及作用的建设。

2. 制定学校的章程

我国高校制度体系建设之首要任务就是要根据国家的规章制度、规范文件建立并且健全高校内部的各项管理的规章与制度，从而使高校内部管理制度切切实实地实现有法可依。在高校内部管理制度体系建设过程中，首先应该制定学校的章程。学校的章程是学校进行管理的依据，更是界定学校同政府之间关系的重要文件，应以此为统领，来制定和完善高校内部的教学科研、学科建设、干部人事、学生管理、后勤保障等各个方面的规章制度。

3. 进一步完善并完备高校党委领导下的校长负责制

促进民主管理、教授治学及校长负责的学校内部管理体制。

4. 对我国高校的基层学术组织结构进行改革

从全局出发，对研究所、中心、系、学院等学术组织机构的资源配置目标定位、功能确立进行设计。

5. 推行教师岗位分类管理和公开招聘制度

应逐步构建以岗位绩效工资制为核心的高校薪酬制度，加大人才分配力度，并建立和建设符合我国国情及市场经济体制发展需求的高校人事制度改革制度体系。

（二）正确调整权力结构，强化学术权力

学术性是我国高校的基本特征之一，主要活动领域都是与学术相关联的。教师兼具人事干部身份和教学科研职能，并且资源分配模式主要实行从上到下的行政培植模式，大学行政管理直接决定大学的学术秩序。如何在高校中平衡学术权力和行政权力的关系，是我国当前高校内部管理体制改革的基本问题。

1. 行政权力和学术权力要适当分离

在党委领导下的校长负责制下，我国高校内部基本存在着党委代表政治权力，行政组织代表行政权力以及学术人员、组织等代表学术权力这三种力量。对于高校中这三种权力需要有明确的划分，要做到党政分开、责任明确。要把相关学术事务交还给学术权力机构来进行管理。党委要行使政治权力，把握学校的总体发展方向以及方针政策，切忌包办高校的一切，以校长为核心的行政组织，则应重点做好学校的行政事务工作，把学术权力留给教授、专家等来行使学术权力，由他们对学术事务来进行管理。

2. 厘清行政性事务与学术性事务

一般而言，高校中涉及的党建、思想政治等工作，组织机构的设置，教师的任免，学校的改革总体规划以及高校制度体系的制定应由党政机构来负责；涉及教学、人事、财务、后勤等事务管理工作的应由熟悉教育规律的人员和学校管理人员组成的行政权力机构来负责；涉及学科建设、专业设置、教学计划、科研方向等学术领域的工作由学术权力机构负责。

3. 强化学术管理机构以及学术人员

我国高校必须加强学术委员会、教授委员会等机构和组织的职能作用，使其能够各自发挥其独特的职能，要赋予学术委员会、教授委员会在有关学术性事务上的决策功能和在行政事务上的咨询和建议功能。

（三）推进高校学院制建设，扩大学院的自主权

推进高校学院制建设，扩大学院的自主权是一项重要的任务。学科和院校以一种特殊的方式决定了高校的学术组织。高校以知识任务为中心，学科和院校的联系都会聚集在基层操作单位，即学术组织的基本工作群体。学系、讲座或研究所既是学科组成的一部分，也是院校组成的一部分。只有将二者合一，从结合中汲取力量，才能使操作部门获得效益。

学院制的核心是提升学院的自主发展权力。这意味着学院能够在学术方向建设、学科资源开发及其分配、学院人事制度安排等方面实现权力自主。这样，学院就能更好地满足学术和教育的需求，同时也能提高其在整个高校系统中的地位和影响力。因此，推进学院制的建设，扩大学院的自主权，是提高我国高校教育质量和效率的重要途径。

1. 实行学院制的竞争优势

实行学院制的竞争优势主要源于以下几个方面。

（1）促进资源基础的多元化和生态化

学院制在资源开发方面具有参与成员的多元化和资源开发路径的多元化，使有关教职员工能够从传统的向学校争取资源，调整为向外部的更多资源机构争取合作与竞争。

（2）促进基层学术组织的能力提升

学院开发资源的过程中实际上需要对教职工进行整合，教职工与其他组织进行资源开发的合作与竞争的过程，是进行更广泛的信息交流与合作的过程，也是有关成员在产学研合作方面的能力提升过程。

（3）促进基层学术组织形式的健全与完善

学院制使高等院校管理重心下移，突破了在传统大学行政化模式下，学院主要作为教学科研执行单位的管理模式。重心下移使学院层级的基层学术组织能够建立更加快速与灵活的组织响应机制，也更加便于教职工主动参与学院管理，有助于扩大学院民主制度及其管理创新，从而提高学院自身的发展能力。

2. 实行学院制的关键

合理划定校、院、系的权责关系，重点在于对学术管理权力和行政管理权力的层级划分。我国高校实行学院制管理，势必要将管理重心下放给学院，实现由学校集中统一管理向以学院为中心的两级管理的转变。学校要发挥宏观管理的职能，主要应定位在宏观的统筹规划与资源调配、重大人事任免、对共性的事务进

行有效的整合和管理，以及其他涉及全局性的对内对外重大事务的处理上，以保证学校整体的发展方向和办学效益。学院制管理的有关内容如下。

（1）学院制的核心在于获得对自主资金和资源使用的决定权

学院制中学院会获得在学科建设、教育创新、科学研究、资源开发和师资管理方面的自主发展权力。学院是最贴近教职工的基层学术组织，只有在学院这个层面上个体潜力才能得到充分发挥，也只有实现学院对相关权利的自主性才能推动资源开发与配置的最优化。

（2）学院制的关键在于改进和完善学院决策机制

学院获得相应权力的基础应当是建立起相应的民主决策与监督的体制机制，建立在相应的学院教职工集体决议制度之上，并且接受学院监督组织和学校监督考核机构的监督和评价。只有在决策权、行政权和监督权方面形成校院两级的组织监督与程序设计，才能推动学院制实现民主参与和民主决策，才能稳定基层学术组织并且推动学院发展。

（3）学校指导模式是学院制发展的重要内容

学院制模式下学校主要承担组织者与监管人的角色，主要任务是制定发展规则、维持管理程序、平衡组织冲突，协调学校、学院、职能部门之间的利益关系。学校在管理方式上应改进校级职能部门设计，促进校级职能部门从行政资源配置型组织向服务指导型组织转变，从学校相关事务决策与执行部门向学院相关事务指导与监督部门转变。

第二节　我国高等教育教学与科研管理

一、高校教学管理现状及管理策略

（一）高校教学管理的认知

教学管理的功能和职责在于培养特定的目标，对教学过程中涉及的物力、财力、人力、时间和信息等进行梳理和协调，从而确保教学秩序的正常和教学过程的顺利进行，使教学过程实现协调化、高效率与最优化，进而保证教学任务的完成，为国家和社会培养德、智、体全面发展的合格人才。为了完成这项任务需要遵循一定的管理原则、程序和方法。究其本质，教学管理的内涵就在于营造和维护优越的教学环境，以确保教师和学生在教学过程中高效地实现预设的教学目标。

①教学管理是高校管理工作的核心。教学管理直接服务于教学和人才培养工作，在高校管理中处于极其重要而突出的地位，这都是由高等教育的功能和性质所决定的。

②教学管理要不断创新、与时俱进。高等教育的根本任务是培养具有创新精神和实践能力的高级专门人才。因此，教学管理工作必须适应培养创新人才和素质教育的要求，大力推进教学管理创新。

③教学管理是一项系统工程。高校是一个多层次、多因素的复杂系统，教学管理的本质就是在这一系统中对其子系统进行研究和管理，同时有效地组织、运用学校的各种教育资源，科学规划教学过程，以实现教育资源的最优配置，从而实现教学工作的最大效益。有效的组织是实现有效的研究和管理的必要条件。为了最大限度地发挥教学管理组织的职能，必须对管理体制和组织架构进行合理的优化。

④教学管理是一门科学。教学管理科学是在教育科学、管理科学、系统科学及其他有关学科基础上形成的理论和方法体系。教学管理是一门融合了学术管理和行政管理双重功能的学科，需要通过长期的学习和实践才能掌握，其双重作用主要体现在三个方面，包括优化教学资源配置、提高教学效率和效益；确保教学秩序的稳定性，以保障教学工作的平稳、正常运转；深入研究并策划实施教学革新，积极激发教师的教学热情和学生的学习动力。

（二）高校教学运行管理策略

教学运行管理是指按教学计划对教学活动进行管理。它的基本要求包括：全校师生协同配合、相辅而行；全校上下严格执行教学计划和遵守各项制度；教学活动应确保可以高效进行，进而使教学质量得到保证。教学运行管理的内容包括两个方面，一是教学过程管理，教师为主导，而学生则是主体，两者间进行着有效、良好的互动；二是教学行政管理，它是以高校、院（系）教学行政管理部门为主体进行的。

1. 教学过程管理

要想做到教学质量的提升，加强教学过程管理便为重中之重。为了确保教学过程管理的有效性，必须进行三个方面的变革。

首先，需要实现从生产型管理向经营型管理的转型。作为应试教育的体现，生产型管理不利于学生的身心健康和全面素质的提高。而经营型管理响应了素质教育的号召，利用经营型管理可以对教学过程进行全方位、全过程的管理，进而使教学质量得到提高。

其次，需要实现从单一的塾院式管理模式向开放式管理模式的转型。塾院式管理过于强调学生对课本的死记硬背，尽管灌输了知识，却忽视对学生能力的培养，最终导致他们对知识的学习产生了排斥心理。在塾院式管理模式下，教学内容与实际脱节严重，阻碍了学生创新思维和实践能力的培养。而开放式管理有助于贯彻“三个面向”（面向现代化、面向世界、面向未来）的理念，有助于全面提升学生的综合素质。

最后，需要将管理中心由物转向教师。传统教学管理模式以物为核心，比起人的作用，它更强调物的作用。而在管理活动中，人的潜力不可限量，人作为其中最具活力的因素，能动性越大，管理的绩效也就越高，因此管理应以人为中心。在教学过程管理中把教师作为中心，满足他们的需求，有助于激发其工作热情。

总之，有效的教学过程管理是提升学校教学品质的不可或缺的组成部分。因为教学过程管理的范围广泛，所以需要对教学管理过程中的各个环节进行系统化分类，以形成完整的教学过程管理体系，从而控制整个教学过程，进而确保教学管理的快速、优质运转，这对于提高学校的教学质量具有现实意义。

2. 教学行政管理

教学行政管理是保证整个学校教育教学活动顺利进行的基本条件。在宏观上，教务部门扮演着学校计划的主要制订者之一的角色，其职责在于制订学校教学工作方面的主要计划和规章制度，同时还负责实施与改革教学、发展教育、设置专业等方面相关的措施。在微观上，教务部门会对教学计划、教学大纲的实施和达成情况进行审查和监督。学校需要接受教务部门对教学活动的安排、对教学质量的跟踪，并符合教务部门对教学和学习过程的各个环节提出的相关要求。此外，教务部门还负责编写、审查、补充、印刷教材、讲义，编班、编课，记录师生考勤，考核师生，管理学生学籍以及招生等工作。

教务常规管理主要包括监督教学计划的实施，合理调配教材，配备教师等资源到各年级，以及保障教学活动的顺利实施。

（1）常规的教学行政管理

校历的编制是首先需要做好的工作，其次是制订开课和结课计划，以及编排课程表、使教学任务落实到人等工作。

（2）阶段性的教学管理

这部分管理工作内容主要包括学生学习与教学实施的管理工作。学生学习的管理工作包括各专业的招生计划确定到录取报到，学生入学后的编班、学生管理手册的印发、必修课和选修课的安排、阶段性考试的组织、监考和补考等工作；教学实施的管理工作则有课程总表的编订、监督落实各学期或年度教学计划、检查教学活动、监督教学质量、组织教学观摩活动、组织教研活动、评选并表彰教学能手和教学骨干等。

（3）时效性的档案管理

档案管理作为行政管理的重要部分，是保证教学质量的重要因素。这项工作具体包含教学资料的管理、教务统计、学生的学籍管理等。具体来讲，教学资料的管理是指高校将有关教学质量、教改举措和成效、教研和教学等方面的资料归类整理，为今后的教学决策或教学研究提供第一手资料。教务统计包括对各院系、专业、班级的招生情况的统计，对学校生源情况的分析，对在校学生人数的统计，对学生学习成绩的统计，对各种教学报表的统计和分析等。学生的学籍管理是指对要进入本校学习的学生进行入学资格验证、在校奖惩情况登记、学分修习管理、毕业资格审定等。其主要工作内容包括入学资格复查、注册、升留级、转学转专业、跳级、休学、退学、复学、考勤、奖惩和学业成绩管理等。

（三）高校教学质量的管理策略

教学质量管理中的教学质量是指教学过程及其效果所呈现出的一系列属性和特征的总和，可用来评估是否符合规定要求。教学质量管理是通过管理影响教学质量的全部因素和过程，从整体上实现专业培养目标，控制教学秩序和教学质量，并对不合格现象和高低分差等偏离目标的现象进行控制，最终实现全面的、宏观的教学质量控制。

1. 教学质量管理的基本内容

教学质量事关高校的兴衰成败，高校要在日常管理中特别重视与教学质量直接相关的因素，如教学质量设计、教学进程调控、教学改进等。教学质量设计指的是高校为了确保实现某个特定的教学目标，调整作业的布置和相关的教学环节等；教学进程调控指的是对比实际教学质量和目标教学质量的差距之后，调节和管理没有达标的教学环节；教学改进指的是根据既定的标准对现行教学进行调控，使其最终达到所要求水平的过程。

对教学质量的设计要建立在明确的教学质量目标和标准的前提下，要首先从目标和标准两个维度对教学质量进行设计，具体要做好两个方面的工作：一是明确教学质量目标和评价标准，即用哪些标准对教学质量进行衡量，达到哪些目标就是高质量等，这建立在对制约教学质量的因素的全面考虑之上；二是制定教学计划操作指南或实施细则，即为了实现提高教学质量的目标，要进行哪些操作，如何进行管理，如何组织和推进活动等。

教学质量管控以消除教学质量差异、尽可能符合质量标准为目标，具体可以从以下四个步骤着手去实施：确认质量控制的对象；有针对性地对被控制的对象进行测量；分析测量数据，找出差距；就现存差异实施针对性的措施。以上四步中，确定质量控制对象和测量过程是教学质量得以管控的关键，分析测量数据、找准差距是提高教学质量的重点环节，提高教学质量是最终目标。

为了从根本改变现状、改进教学质量，必须针对教学中面临的问题进行改进。但是，教学质量的改进不是一蹴而就的，而是要一步步实施，具体包括以下六个步骤。

第一，搜集教学相关的数据、质量信息并进行分析论证，从而发现制约教学质量进一步提高的瓶颈，并对其进行说明。

第二，分析教学质量故障涉及的众多因素的主次，根据“关键的少数和次要的多数”原理，从中找出关键因素，确定攻关目标。

第三，成立具有不同职能的组织，包括指导型组织和诊断型组织两类。其中指导型组织主要负责教学质量提高的指引工作，即发现可以突破的方向、找到关键性问题，破解导致教学质量不佳的症结，解决教学改进中遇到的问题，掌控教改的进程和成效、调配各方资源，确定改进方案、实施措施并进行监督实施等。诊断型组织的主要任务是收集并分析教学质量，验证出现质量问题的缘由，提出教学质量改进的方案等。与指导型组织不同的是，诊断型组织的成员一般要有足够的时间进行长时期的调查研究，并具有丰富的教学经验和教学质量诊断技能，以及分析问题的能力。

第四，增强教学质量意识。教学质量意识是人们对教学质量要求做出的准确理解和评估，以及通过经济、合理的方式进行实现教学目标的探索和实践。简单来说，它需要全体教师和教学管理人员自觉地履行教学质量管理工作的职责。

第五，实施措施以解决教学质量问题，并将其转化为实际行动。这是改进教学质量的重要环节。在推进改进措施的过程中，不可避免地会遇到阻力。要想克服阻力，教学质量改进的建议要精炼，措施要具体；要尊重别人，听取别人的意见；要设身处地地考虑质量改进措施的可行性和前景。

第六，一旦成功实现教学质量的改进，我们必须及时地进行经验总结，将质量改进的成果纳入教学质量标准中，以确保教学质量可以稳定地保持在新的高度。

2. 构建教学质量的监控系统

教学质量监控系统由教学监督系统，教学评价系统和教学管理系统组成。三种系统既彼此独立，又相互影响。

（1）构建教学管理系统

为了确保高校教学活动的正常运转和提高教学质量，必须建立一个可提供必要保障的、全面的教学管理系统。在高校中，这项职责一般由教务处担任，其日常工作包括确定管理目标、编写管理制度、监督规章制度实施、评估教学活动等。具体而言，高校的教务处需要完成以下工作：确定人才培养模式和计划、制订教学管理制度、主持重要的教研教学计划、探讨教学建设项目是否可行、审查和监督全校各院系的教学活动、监控教学质量、参与课程建设、监督具体的教学工作、宏观管理各院系的教学工作等。

当然，除了学校教务处，各专业要主动承担起落实教学任务的责任，对科研项目要严格把关并积极处理日常行政事务。各院系要根据院系特色，在遵守学校规章制度的前提下，制定方案和细则，使本院系的人才培养、课程安排和专业方向的划分科学而系统，应监测教学过程运行情况，评估教学质量，对教学进行微观管理等。

（2）构建教学监督系统

第一，应当确立一套完善的教学督导机制。教学督导的职责在于对教学过程进行监督和评估。教学督导的内容涵盖了制订教学计划、进行专业建设、制定教学基本要求、进行理论教学并实践等。督导人员需要深入教学一线，运用多种方式，如听课、组织学生座谈、与教师展开深入交流、参与教研活动等，全面了解教学过程，并对其进行监督和指导。

第二，应当制定一套成熟的听课制度。确保中心听课组的高效运作，建立以领导干部、督导人员和同行教师为听课队伍的听课制度。这样各级党政干部得以深入教学现场，倾听师生的心声，及时了解教学情况并及时发现、解决教学中的难题。要确保教学一线与管理层之间的紧密衔接，保证教学管理工作的精准性和有效性，推动教师不断探索创新教学方式，不断更新教学内容，提升他们的教学水平和学校的教育质量。

第三，应当确立一套健全的信息员制度。教学管理部门可以通过良好的学生信息员制度，了解教学的动态和课堂教学的情况，并发现教学过程中在教材使用、教学条件、考试检测等方面出现的问题。之后教学管理部门可以对发现的问题采取有效、快速的解决措施。通过实施信息员制度，可以使学院的管理和教学更加贴近学生的需求和实际情况，从而提高教学质量和效果。

第四，应当确立一套完备的教学检查制度。教学检查应采取学期前、学期中、学期末三段式检查的模式，每个阶段都应有各自的检查要求。检查的过程需要做到全面、有序，检查后的总结与分析必不可少，只有做好这些工作，才能有针对性地发现问题、提出举措、落实行动。一旦形成完善的以查促改、以查促建的三段式检查制度，教学运行过程中存在的问题便能够得到及时的发现和解决，教学工作各环节也会形成良性循环。

（3）构建教学评价系统

在高校管理教学、保障教学质量的过程中，教学评价可作为其重要的依据。教学评价的具体工作由教务处牵头完成。具体工作包括教学教务人员的工作职责的确认与规范的制定、教学活动和实践基地评价体系的建立、课程建设与评估标准的确立、教学质量的监控等。教学评价系统主要包括以下三个层面的工作：

第一，教师授课工作考察。教师的综合评价包括学生评价、同行评价、部门评价和自我评价四个方面，其中教师的自我评价仅作为参考因素，不计入最终评价结果，前三部分评价所占比例依次为4 ∶ 3.5 ∶ 2.5。值得注意的是，上述比例是基于特定的衡量标准和方案确定的，目的是使教师评价工作真实、有效，为教师的工作提供实质性的指导和支持。教师授课工作考察是以每一学年一次的频率进行，得出的结果将影响教师的考核成绩和职称晋升。

第二，教研室工作考核。与对教师的考核相比，对教研室的考核仅按照高校已确定的标准进行。考核将检验教研室教学过程管理、组织管理、教学体系建设以及教研与教改四个方面的成果。具体操作程序是，各教研室首先将评价方案和安排报备给教务处，然后根据相关评价标准对学年工作进行自查，并以报告的形式呈现，再请院系对各教研室的评价进行汇总和分析，最后由各院系提出整改方案报送教务处。

第三，院系教学工作评估。院系承担着组织教学、实施教学管理的重要职责。高校为了保证教学质量，对各院系教学工作的评价以周期水平考核和年度考核为标准。其中，周期水平考核指的是对院系教学工作中时效性强的工作及时管控、及时考核；年度考核指的是对院系办学理念、办学思路、办学目标、日常教务管理、教研和教改、教学质量管控等进行宏观、全面的评估。

二、新时代高校教研与科研组织管理

（一）高校教研与科研的认知与活动

1. 高校教研与科研的认知

（1）高校教研与科研的概念

高校教研是学校教学研究的简称。它是指高校借助教育科学理论，以有价值的教学问题为对象，运用恰当的研究方法，有目的、有计划、有组织地对学校教学实践进行研究。高校科研是高校教育科学研究的简称。高校科研是认识教育本质与客观规律、创新教育理论和方法，以及遵循教育规律解决教育教学实际问题的创造性活动。

（2）高校教研与科研的特点

首先，需要教育科学理论的指导。教育科学中的教育学、心理学、教育管理学、教育社会学、德育论、学科教学论、教育技术学、教育美学等理论为学校的教研和科研提供了先进的理念支撑和科学的理论指导，保证了学校研究活动的科学性。其次，具有明显的应用性。高校教育研究活动的核心在于探究学校发展历程中所涉及的方方面面，包括教育、教学、管理等方面出现的实践问题，应用性是高校教研与科研的突出特征。再次，有目的、有计划、有组织。高校教研和科研的目的是妥善处理办学过程中出现的教学、管理、教育相关的难题，提高办学质量，最终促进学生全面、健康地发展。为了达到研究目的，学校要分析学校发展中的问题，做出研究计划，并建立相应的机构和制度，而不能盲目进行、随意开展。最后，高校教研与科研的本质是创造性的认识活动。尽管高校教研和科研活动具有明显的实践性，但是，它们在本质上仍属于一种认识活动，是探求学校教育教学和管理等各方面的未知，发现新规律，求得新结论，创造出更科学、更新的教育教学和管理方法的创造性认识活动。这种活动以已有的知识为基础，以科学实验或逻辑推理为基本手段，以获取新知为价值归宿。

2. 高校教研与科研的活动

（1）教师是高校教研与科研的主体

高校教研和科研活动要依靠教师，它们是“源于教师”“由教师做”“为了教师”的活动。教师把握和主导着学校研究活动的方向和内容，组织学校研究活动并使用研究活动的成果。

（2）学校发展中的问题是高校教研与科研的主要来源

高校教研和科研都是在学校这一具体情境中进行的，与教师的教育教学工作、管理工作、学生身心的健康成长等紧密地结合在一起。

（3）促进学校持续发展是高校教研与科研的价值追求

高校开展教学研究和教育科学研究，根本的价值追求在于解决学校中的现实问题，改善学校办学条件，提高学校效能。

（4）整合校内外资源是提高高校教研与科研质量的重要保障

尽管高校教研和科研活动重视学校内部的问题，但不能持“唯学校论”的观点。学校必须从专业教育研究机构、教育行政部门等获取必要的指导和支持，以学校的力量为主体，整合校内外一切可供利用的资源开展教研和科研活动。

（二）高校教研与科研管理的共同要素

高校教研与科研管理是以现代管理科学和教育科学为理论基础，遵循教育教学研究的基本规律，有效发挥学校人、财、物、时间、空间、信息等要素的作用，运用决策、指挥、计划、组织、控制、协调等管理职能和科学的管理方法影响高校教研与科研工作，以实现高校教研与科研目标的活动过程。其根本目的是高效率、高质量地完成高校教研与科研任务，并将研究成果运用到高校的教育、教学、管理等工作之中，促进学校的健康发展。

高校管理面对的是学校内外的各种“事”，这些“事”都是由高校管理的基本要素——人、财、物和特殊要素——时间、空间、信息综合作用而形成的。高校教研与科研管理的共同要素，也可以在以下六个基本要素的层面上加以论述。

1. 高校教研与科研管理中的“人”

高校教研与科研管理中的“人”包括管理者和被管理者两大类。高校教研与科研管理的管理者，首先是校长，作为学校的最高行政负责人，校长要亲自组织和领导高校教研与科研工作。其次是教务处及负责高校科研的部门负责人，他们协助校长，主抓高校教研与科研工作，是高校教研与科研工作的中间管理层。最后是高校教研组和年级组的组长，他们是高校教研与科研的基层管理者。高校教研与科研工作的被管理者，是指高校中凡是参与教研与科研工作中的所有教职工，既包括专职教师，也包括行政、后勤等方面的人员。高校要充分调动他们教研与科研工作的积极性，对他们普及教研与科研的理论知识，培养和提高他们的研究能力。

2. 高校教研与科研管理中的“财”

高校教研与科研管理中的“财”主要就是指高校可用于教研与科研活动的经费，包括校外各相关机构拨付给学校的研究经费，以及学校自己在教研与科研方面的经费投入。研究经费必须专款专用。为了提高高校教研与科研水平，高校应不断加大在教研与科研方面的经费投入。

3. 高校教研与科研管理中的“物”

高校教研与科研管理工作对“物”的要求不高，因此高校教研和科研管理对“物”的管理也不复杂，配备好基本的办公设施，如电脑和网络设施、用于教研与科研活动资料储存的相关物品等即可。

4. 高校教研与科研管理中的“时间”

高校教研与科研管理工作都必须以专门的时间做保证。由于教师教育教学任务繁重，很难像专业研究人员一样有时间专门进行研究，因此，高校教研与科研的时间管理就显得尤为重要。

5. 高校教研与科研管理中的“空间”

高校教研与科研管理中的空间管理和对“物”的管理有相似之处，只要有足够的工作空间，保证高校教研与科研工作的顺利进行即可。另外，高校领导等管理者要突破高校空间的局限，树立开放的管理理念，加强与专业科研机构以及兄弟学校之间的合作教研和科研。

6. 高校教研与科研管理中的“信息”

高校教研与科研工作的质量和效率离不开信息。高校教研与科研管理的首要任务是建设信息的硬件设施。学校图书馆、资料室和档案库的建设，以及计算机网络的互联，构成了所谓的硬件设施。硬件设施建设就是要加大学校信息资料建设，购置和更新图书、教育杂志、报纸等；要为各教研组配备书柜和文件夹，用于书籍、资料档案的保存；等等。

高校在加强教研与科研硬件建设的同时，还应该加强对教师的教育，使他们有自主学习、查阅资料的意识和积极性；要制定学校教师学习与科研制度，对教师学习理论知识、查阅资料、进行教研与科研活动提出相应的要求，确立评价与激励机制。另外，高校还要邀请教育理论方面的专家学者、专业教育科研人员等到学校进行学术讲座，丰富教师的知识，开阔他们的视野，培养他们的信息素养，为教师的教研与科研活动提供更多的便利。

（三）高校教研与科研管理的共性内容

高校教研和科研工作中的人、财、物、时间、空间、信息综合作用所构成的各种教研和科研活动中的“事”，有分属于教研或科研工作的，但也有共属于教研和科研工作的。这些共性的“事”，就是高校教研与科研管理的共性内容。

1. 制定高校教研和科研规划

高校教研和科研规划是高校在一定时期内对教学研究和教育科研发展做出的总体设计，其主要内容包括：高校教研和科研工作发展的总目标、教学研究和教育科研组织的发展、队伍建设、教研和科研管理的具体内容、学校研究保障条件及其改善等。加强高校教研和科研规划，对于克服教研和科研工作的随意性，有计划、有步骤地做好高校研究工作具有重要的意义。应该分别制定高校教学研究发展规划和高校教育科研规划。高校制定出3～5年的总体规划之后，还要制订学年工作计划和学期工作计划；而高校的教研组、年级组等还要在上述规划和计划的基础上制定出本部门的行动方案，并负责方案的实施与管理。高校教研与科研规划管理主要包括以下几个方面。

（1）分析校内外环境

校外环境包括政治因素、经济因素、科技因素、文化因素、人口因素、教育因素、学校所在社区的环境因素等；校内环境包括学校的基本情况（特别是高校教师教学研究和教育科研的现状）、高校的优势和不足、高校发展面临的挑战和急需解决的问题等。

（2）确立高校教研和科研的总体发展目标

在3～5年内高校教研和科研应该解决的重大问题、发展的理想、应该达到的新高度等。

（3）拟订候选方案

根据高校教研和科研发展目标，制定2～3套可供选择的候选规划，并对每一套规划的特点做出明确的说明，以便于高校教职工进行讨论和选择。

（4）评估和确定发展规划

高校把拟定的候选方案交给全体教职工进行民主评议并提出修改意见；在进一步修改的基础上，通过教职工代表大会等形式，由全体教职工决定发展规划。

（5）实施高校教研和科研发展规划

将确定下来的规划具体化为学年和学期教研与科研计划，然后再将计划分解到相关的部门和个人，并由教研组、年级组等负责实施具体的工作计划。

（6）检查和反馈

在高校教研与科研规划实施的过程中，高校管理部门要对实施情况进行检查，以确保规划实施的方向正确和效果良好。每一个阶段的工作完成之后，要对实施情况进行评价，并将评价结果反馈给高校管理层和具体的执行者，以便于改进规划。

2．目标、知识、组织与制度、队伍的管理

（1）目标管理

目标管理是一项以设定目标为基础的管理活动。具体而言，该管理以整体目标为导向。各个部门的每个成员应当根据整体目标制订自己的个体目标、确定并实施行动方案，并定期接受目标考核。高校教学研究的直接目的在于解决教学问题，特别是教学实践问题；间接目的在于促进教师发展：根本目的在于促进学生的健康发展。

高校教育科研的目标在于教育教学理论的发现与建立，以及教师专业素养的提升。尽管高校教研目标和科研目标不同，但是它们的共性就是通过解决高校实践中产生的现实问题，提高高校的教育质量和办学水平，促进人的发展。这一共性目标是高校利用目标管理方式进行教研科研管理的基础。

运用目标管理方式对高校教研与科研工作进行管理时，要遵循五个步骤：①确定高校教研与科研活动的总体目标。②根据目标中包含的任务，将目标进行细化和分解。要根据高校工作的轻重缓急、研究工作的难易程度、规模大小等，明确研究工作的重点以及不同层级和不同参与者的具体任务。③分配任务。将任务分配到高校各相关部门，并要求他们制订出各自部门或每个人具体的工作计划。④实施目标。各个部门和教师根据自己的工作计划开展研究。高校领导管理部门在这期间要做好过程管理，包括组织、指导、协调、控制、创建良好的氛围和环境以及提供保障条件等。⑤评价成果。各个部门和教师的工作完成之后，评价部门就要对照目标评估其工作成果，进行工作总结，并依据评估结果进行奖惩。

（2）知识管理

“知识管理”这一概念最早产生于20世纪90年代的管理学领域，其本质在于以组织和机构为单位，管理知识的获取、储存、学习、分享以及创新。它是把组织中的知识和人有效地结合在一起，使其构成一个有效地发掘和分享组织内外各类资源并发挥其最大效用的系统，从而提高组织竞争力，实现可持续发展。教师由于工作环境与任务的特殊性，不可能像专业教育研究人员那样有充足的时间和精力获取大量的研究信息。在这种情况下，加强学校知识管理，为教师提供研究指导、帮助和服务显得尤为重要。

在教学管理过程中做好知识管理，学校管理者需要重点关注教师的自主学习以及学习型组织的建设，强化教师的理论学习，开阔他们的视野，提高他们吸收、整理和运用信息的能力，使他们成为终身学习的典范。学校还要建立课题研究资料库、校本课程资料库、校本教学资料库等适合教师使用的、富有特色的学校教育科研资料库，为教师开展教研和科研工作提供信息服务；通过专题研讨、教育论坛、论文交流与评比、成果展示、经验交流、编辑文集、出版刊物等活动，促进知识在学校成员之间的转化和共享；建立学校与高等院校、教育科研机构的合作机制，更好地实现外部知识向学校的输入；通过网络在线学习、专家引领、同伴互助等形式，实现教师与教师、教师与专家之间的沟通与交流，为学校教师在教研和科研工作中充分地利用知识提供更加高效便捷的渠道。

（3）组织与制度的管理

第一，组织管理。作为一种社会组织，高校将与高校生存和发展密切相关的人、财、物、时间、空间、信息等因素按照一定的原则有机地联系起来，建构起一个开放的系统。教研和科研组织是其中一个子系统。进行高校教研和科研组织管理首先要建立高校教研和科研组织管理机构，其中主要是高校的教研组和教育科学研究室（简称教科室）。这些机构是高校管理教研和科研工作的具体执行部门。为提高其工作效率，高校应健全其内部机构，配备一定数量的管理和工作人员。高校还要为他们提出工作目的和任务等要求，并对这些组织的工作进行指导、监督、检查、评价。同时，学校要为这些组织的正常运转提供较为充分的资源，如经费、设备、信息等支持。第二，制度管理。制度是高校教研和科研工作健康发展的规范性保障。高校教研和科研的制度管理就是要建立、完善以及有效地执行关于教研和科研的规章制度。高校教研与科研管理的规章制度主要包括以下方面：①发展规划制度。高校要根据整个教育系统和学校发展规划，对教研和科研工作做出一定时期的总体部署。②目标考核制度。高校把教研和科研的目标实现情况列为学校管理和办学水平的考核指标，作为教科室、年级组、教研组和教师个人业绩考核指标。③学习制度。包括组织常规性的学习制度、教师自主学习制度、教师参加教育行政部门组织的校外教师培训制度等。④课题管理制度。许多学校都开展了教学研究和教育科研的课题研究，因此，高校应该建立教研和科研的课题管理制度，主要包括课题申报和备案制度、研究实施之前的课题开题制度、研究中期的交流汇报制度、研究结束后的课题成果鉴定和评价制度等。⑤保障制度。主要包括教研与科研管理组织的建设制度、研究经费管理制度、教研与科研档案的管理制度、教研与科研工作的评价制度、教研与科研工作的奖励制度等。

（4）队伍的管理

高校管理的核心因素是人。要想做好教研与科研工作，就必须建设一支高水平的高校教研与科研队伍。因此，高校要制订相应的培养计划，包括教育科研队伍建设的目标、内容、途径、方法和保障措施等；制定相应的制度，规范和激励教师积极主动地提高自己的科研素质，以更好地从事教研和科研工作。同时制定对教育科研骨干教师的选拔、培养、任用、考核和奖励制度；要做好教师科研素质的提高工作，依据不同的培养目标和不同的培养对象，进行不同内容和形式的培训；定期组织教师外出参观考察，使其参加校内外有关学术会议，开阔视野，提高他们的自我反思及借鉴能力：根据学校的发展需求，适当地给教师分配一些科研课题，让他们在研究中学习；聘请校外的专家或专职科研人员到学校指导教师开展研究。

第三节　我国高等教育的学生管理

一、高校学生管理概述

（一）高校学生管理的原则与依据

1. 高校学生管理原则

原则是对客观规律的反映，是观察问题和处理问题的准绳。高校学生管理的基本原则是指高校在对学生实行全面管理和全程管理的过程中，观察、认识和处理各种矛盾和问题所必须遵守的基本准则，是对学校各级、各方面管理人员进行科学化管理所提出的基本要求。高校学生管理的基本原则，是依据教育科学和管理科学理论的，以人才为导向的，经过了漫长的管理实践，从经验教训中不断归纳提炼出来的，学生管理活动发展到一定阶段的必然产物，它有着丰富的内容，是一个多层次的、相互联系的完整体系。

高校学生管理基本原则是学校管理基本规律与本质特征的集中反映，它在学生管理过程中具有举足轻重的地位。各类高校管理人员都会在工作中遵循某种原则，而只有在科学的原则指导下，学生管理工作才会更有效，才能实现管理的目标。高校学生管理工作涉及学生的各个方面，它包括学生行政管理、学习管理、生活管理、思想政治教育管理、校园文化活动管理等，其内容涉及面非常广泛，因此，要使整个管理工作有序进行，实现高校学生管理的科学化、系统化和规范化，就必须认真贯彻执行高校学生管理的原则。

随着高校扩招、高等教育规模的扩大、高等教育由精英教育转向大众教育以及高等教育改革的不断深化，新事物、新问题不断涌现，高校学生管理面临许多新矛盾、新课题，管理工作者需要在恪守学生管理基本原则的前提下，找准方向，确立目标，勇于探索实践，一切从实际出发，深入研究学生管理的实践活动，使学生管理工作遵循客观规律，使各管理部门的工作协调一致，相互配合，从而保证学生管理目标的实现，为社会主义现代化事业培养优秀的建设者和接班人。

2. 高校学生管理的依据

（1）理论依据是人的全面发展理论和教育方针

我们必须确保学校培养出来的大学生是具有较高素质的人才，大学生不仅要有扎实的科学文化知识和健康的体魄，而且必须具有高度的社会主义觉悟，即要有理想、有道德、有文化、有纪律。造就全面发展的人，是高校的培养目标。

（2）科学依据是高等教育科学和现代管理科学

高校学生管理作为高等教育的一个重要组成部分，必须遵循高等教育的客观规律。高等教育规律分为外部基本规律和内部基本规律。外部基本规律揭示了教育与经济的外部关系，主要反映在教育在国家建设和社会发展中的地位和作用、教育投资的经济和社会效益、教育的主要社会职能等方面。尽管在教育、经济与社会文化等诸多关系中，它们存在着相互影响与制约的作用，但总的来说，在经济、社会文化与教育的相互关系中，是经济、社会文化决定教育而非教育决定经济、社会文化。因此，随着经济、社会文化的变化，教育也将发生变化，以适应和服务于经济、社会文化。高等教育中的学生管理当然也如此，一部中外教育史往往折射出中外的经济和社会文化变革史，这是高校学生管理者必须明确的。内部基本规律揭示了教育的内部关系，主要反映在培养目标以及不同专业人才的培养途径与方法等方面，这些与社会的变化密切相连。科学的发展促使教育手段的优化。科学的发展和社会的变革对人才提出了新的要求，促使教育的培养目标发生变化。高校学生管理必须遵循教育规律，要根据我国高等教育发展的状况，充分认识高级专门人才培养对发展社会主义市场经济所起的积极作用，使高校培养的学生主动适应社会的需要。

（3）实践依据是我国高校学生管理的经验与教训

一切管理工作都要根据对应的方针、政策去组织和实施。各项规章制度的制定都要有利于调动广大师生建设社会主义的积极性，有利于合格人才的培养，为社会主义市场经济的建设和发展以及建设社会主义现代化强国服务。

（二）高校学生管理的机制

重视高校学生思想政治工作，需要学校、社会等各方力量的协同合作。高校的改革和发展同整个社会的改革和发展之间存在着正相关的关系，由此出发，高校学生的管理工作会受到全社会大环境的影响与约束。

在适应社会持续发展、改善硬件设施的同时，尤其应该注重高校学生思想政治工作。高校学生思想政治工作展现出了强大的自发性和典范作用。学生思想政治工作可以引领、示范、辐射社会的精神文明建设。通过接受思想政治工作，高校学生可以从更好的角度培养自身的创新精神，拓宽视野，最后得以拥有崇高的理想和更深刻的价值准则，进而影响并促进社会发展。高校是文化创新、筛选、演绎与传播的主要场所，同时也是孕育新思想、新理论和新发明的沃土。

1.德育

高校学生思想政治工作中，德育是不可或缺的重要组成部分。随着时代的发展和经济的不断进步以及全球化的推进，不同国家、不同民族的道德观念不断碰撞，而科技的不断进步也影响了人们在道德和伦理方面的判断，学校德育也因此面临着诸多挑战。为了促进民族发展和社会进步，德育教师需要具备识别和整合不同道德价值标准的能力；德育教师需要拓宽视野，以国际化的思维和眼光，既要顺应时代的主旋律，又要融合多元文化，适应时代的需求；德育教师需要从实际出发，以知识为武器，充分发挥德育的作用。

为了充分发挥高校学生思想政治工作的重要作用，我们必须高度重视教师思想道德建设。教师要热爱岗位，热爱本职工作。在完成本职工作之后，教师可以利用自身的专业优势为社会服务。教师队伍也应当对其他行业人员保持开放。教师既要拥有渊博的学识，又要有时代创新精神。教师的言谈举止会给学生带来影响。师德建设中要让激励与约束机制规范化、制度化。

2.完善改革体制

①加快高校后勤社会化步伐，深化挖掘高校改革所面临的制约因素。深化高校后勤社会化改革是现阶段高校改革的重要组成部分。后勤保障是高校扩招的前提，师生在校的住宿、吃饭问题将影响学校的稳定。

②加速推进学生管理体制改革，致力进行三个方面的变革。随着我国高等教育普及化进程的不断推进，高校将继续扩大招生规模，同时为了提高教学效率，高校实施人事分配制度改革，这些措施将导致师生比例逐年下降，单纯的管理方式已经无法适应高校学生管理工作的现状。高校教师应当深刻认识到服务意识的

重要性，从“以管理为主”向“以服务为主、管理为辅”转变，以更好地满足学生的需求；高校教师应当致力于激发学生的自我意识，针对个人成长需求使学生主动请教相关问题，实现其从被动到主动的转变；高校应加强硬件设施建设，成立一系列指导中心，如心理咨询中心、毕业生就业指导中心和文体中心等，以满足学生的心理、就业和文体需求。

③推进机构职能转型，简化行政手续。随着院校的不断调整和学生数量的逐日增长，高校的管理不应仅限于简单的人员整合和工作调整，而应注重传承与创新并重。为了有针对性地适应新情况，高校需要将教学管理中的责任、权力和利益有机地融合在一起。学院或学生管理部门应当被授予一定的权力，包括但不限于使用活动经费、组织协调、人员选用、考核评比等，学校职能部门则应当负责制定标准、发放任务、有序调控教学情况。

3. 改善班主任工作的管理

班主任是学生工作队伍的重要组成部分，是对学生进行思想政治工作，指导督促学生完成在校期间学习任务，引导学生德、智、体全面发展的教师，是沟通学校、院（系）、学生之间的桥梁和纽带，是班集体的组织者和领导者。学校要加强班主任工作的管理与考核，从专职教师、教辅人员、机关干部中聘任一些热心、责任心强、严于律己、作风正派、有敬业精神和工作能力强的同志担任班主任，班主任在开展工作时要努力学习现代思想以及哲学、教育学、伦理学等基本理论知识，要善于分析学生关注的社会热点问题，能够将理论和实际相结合，用科学的理论观点解决学生在生活中遇到的问题，要发挥学生骨干在班集体中的作用。调动青年学生自我教育、自我管理、自我发展的积极性，班主任要深入学生的班级、宿舍中了解、掌握他们的学习、生活情况。校、院（系）领导应重视发挥班主任工作考核机制的作用，定期进行量化评比，大力表彰奖励优秀班主任，把班主任工作切实抓好。

4. 发展校园文化

校园文化作为一种具有人文氛围的文化，是校园环境、校风、学风、学术等文化氛围的综合反映，与一定的社会政治、经济、文化制度相适应，同时也是推动一定社会制度创新的主导因素。校园文化建设作为高校学生管理工作的常态和重要评价标准，它要求全校师生共同参与，将进行校园文化建设作为重要工作内容，以人文关怀为基本要求，将推进文化历史进程视为最高追求。为了落实校园文化建设，高校需要保证自身政治方向明确，人文气氛浓郁，学术氛围积极，进而使得学生的行、思在这样的环境中健康发展。在学生管理工作中，必须贯彻教书育人、管理育人、服务育人、环境育人的具体要求。

在校园文化建设中，团（团委系统）学（学生会系统）工作至关重要。团学工作为学生提供了一个自发的管理、服务、约束、成长的平台，从而实现了对学生的有效管理和服务。通过引导学生，团学工作能够有效地规范学生的言行举止。团学工作的服务理念必须得到进一步强化，以实现整体工作社会化、具体活动个性化、经费来源多元化为目标，同时应做到以教学科研为引领促进成长，以社会实践为推动促进发展，以文体活动为手段增长才干，以思想建设为手段培养品格。总的来说，团学工作必须顺应时代潮流，从而丰富和充实校园文化生活的内涵。

5.推行社区管理模式

突出学生社区作为高校生在校期间的主要活动场所的功能，除了休息、娱乐，更应体现社区教育、服务、管理三位一体的功能，逐步推行社区管理模式，使社区成为学生素质教育的主要阵地。

①选拔辅导员进驻学生社区，成为社区辅导员，与学生同吃同住、同生活。社区辅导员要发挥桥梁作用，主动了解学生思想动态，配合学生工作处、各学院做好工作；社区辅导员要主动开展一些适合学生的社区活动；社区辅导员要接受系统的心理咨询训练，主动与学生谈心；社区辅导员要促进制度落实，充分发挥制度的导向作用，学生在社区的表现要与综合测评挂钩，作为评奖评优、组织发展的参考依据；社区辅导员既要做学生的朋友，又要树立个人威信，通过各种有效的奖惩措施，使得社区管理工作井井有条。其指导思想是，通过为学生提供其在社区学习、娱乐、生活的良好的环境，构建一个以学习为核心的社区环境。

②在整个社区建立团总支，在各栋楼建立团支部和团小组。团总支的主要任务是负责社区的各种学习、文化娱乐活动。

③设立公寓管理委员会，其主要负责整个公寓的文明行为督查、卫生督查、勤工助学等，保障社区能顺利、安全有序运作。

④在社区设立社区咨询室，由业务导师、心理咨询员和社区辅导员来解决学生的选课疑问和其他疑问以及对学生进行心理咨询服务。

二、高校学生日常生活管理

（一）高校学生日常生活教育管理的目标

1.重塑高校学生日常生活的角色

高校学生在心理上会有很多变化，在日常生活中对于自身角色认知不够。帮助高校学生认知自我非常重要。由此可见，高校要在根源上帮助学生对自己的身份尽心定位，帮助他们成为生活的主人，避免由于定位畸形导致心理和生理上的不利因素出现。可以通过以下三个步骤帮助学生认识自我：

①在高校管理过程中，要民主地让学生行使权力，放松对学生的管理有时会产生更积极的效果。学生在拥有自己对生活的支配权之后，也会更加独立。这种收权和放权相互配合的管理模式是一种积极的管理模式，是高校主体和客体协同发展的表现。

②学校管理者对于高校学生的生活管理权要进行放权处理，不能过分干涉学生的生活，在放权的同时培养学生的责任感，让他们知道必须对自己的行为负责。

③学生要支配自己的生活，实现自己理想的生活目标。在学生对自己的生活目标有初步意识的情况下，要引导学生对生活的形式、生活艺术的发展、生活价值观的体现等做出判断，打造专属于自己的个性生活。学生要充分认识到生活是需要被尊重和被理解的，这也是打造理想生活最好的办法。学生可以从日常生活中得到很多启示。高校学生在生活中要提高明辨是非、衡量利弊的能力，以此来丰富生活，做生活的主人。与此同时，还要培养学生生活的审美和情趣，打造高境界的个性审美，通过提高美育素质提高生活品质。

2. 丰富高校学生日常生活的个性

培养学生健康的生活态度，促进他们的身心健康，鼓励学生追求美好生活，提高幸福感。追求美是人的本性，在日常生活中，引导学生接受美育教育，以此来提高生活品质。要为学生的个性发展提供空间，关注学生的个性和兴趣，帮助学生形成个性化生活方式。

3. 优化高校学生的日常生活

高校学生的思想观念往往会表现为一种外化的形式，其会受到学生心理和生理条件的限制与影响。学校要引导学生按照道德标准对自我进行约束，不断提高自己的理性思维能力，同时学校还应保持包容的文化心态，合理对待学生对时尚文化的追求，并对其给予正确引导，让社会主义核心价值观潜移默化地融入学生的价值观当中，这样才能帮助学生形成正确的日常生活方式。

目前，我国对大学生生活方式的教育处于起步阶段，大学生生活方式的教育还未在高校学生的教育培养中成为核心的内容。因此高校要注意加强管理，通过对在校学生进行生活方式的教育促使他们的生活方式进一步得到优化，高校要意识到进行生活方式的教育对于提高学生综合素质的重要意义，在学生的学习和生活的各个层面融入生活方式的教育，对学生实行弹性管理方式，让管理制度与学生的生活更加贴近，更具操作性，在高校教育的总体目标中加入优化生活方式的内容，让更多高校学生形成健康的生活方式。

4. 完善高校学生的核心价值观教育

大学生有着自己特殊的心理特点，在学习和生活过程中，他们的世界观、人生观和价值观会逐步得到完善，这对他们一生而言都较为重要。此阶段所进行的价值观教育的效果以及质量将直接影响他们今后的价值取向，所以高等教育阶段的价值观教育要引起高校以及相关方面的高度关注，社会各界尤其是各高校要拓宽教育渠道，增加教育载体，让这种教育的效果更加明显、更加深刻，也更加持久。通过对学生日常生活进行管理，使学生形成正确的价值取向，将价值观的教育与学生生活融为一体，让教育回归生活，使学生形成正确的人生观与价值观。

5. 塑造高校学生公共关系形象

作为国家未来的希望和栋梁，大学生是社会舆论的焦点，他们在学习和生活中的表现都会受到各方面，特别是媒体的关注，也容易引起社会的广泛讨论。高校要注意维护大学生的形象，在日常生活的管理方面做到以下两点。其一，正确引导学生在学校的观念和行为，帮助学生树立正确的形象认知，使其理解公共关系形象的基本内涵并学会在日常生活中树立良好的公共关系形象。学生要纠正不良的日常行为习惯，进行自我修炼，提高综合素养。

其二，高校要通过有效的管理来增强学生以及教师树立正面形象的意识，筛选出利于开展教育的案例，让高校学生关注对自我形象的塑造，不断提高管理自我、改造形象的能力，从而成为高素质、全面型人才，在未来的竞争中占据更多的优势。

（二）高校学生日常生活教育管理的方案

1. 叙事教学法

应用叙事教学法进行教育管理对道德观的树立具有积极的意义。叙事教学法的核心在于通过故事的叙述，提升学生的沟通和表达能力，使其形成正确的自我认知，并更好地与他人进行交流和合作。相较单纯的能力提升，布鲁纳所倡导的叙事教学法更关注学生思维方式和对外沟通交流能力的培养。

与一般体系化的教学标准不同，应用叙事教学法时不可一味地套用固有学习模式，而应当将其作为独立体系的方法论加以运用。通过多样化的教育模式，培养高校学生对叙事教育的认可，发展叙事教学的工作方向，指导学生日常的实际学习。在应用叙事教学法的过程中，往往会出现不同的叙事角度和故事路径。由于道德叙事的手法具有情节性，因此更有利于学生贴合自身生活场景，利于提高学生的理解和对比分析能力。德育可以使学生在实践中不断完善自身的价值观和方法论，从而激发更加积极主动的学习热情。同时，学生可以不断优化知识库，从而取得更加卓越的成就。

2. 熏陶教育法

环境对教育有重要影响，除知识教授类的直接教育方法，还有从日常生活习惯上进行潜移默化影响的方法，这被称为熏陶教育法。不同于制度性的学习规划和管理机制，熏陶教育法主要通过日常感染和人文感知来帮助学生积累教育理念，力求构建立体化的环境。不同于体系化教学中以准线、分值等标准化手段进行衡量的方式，熏陶教育法的特征是从点出发，通过多个角度、多种形式的影响，逐渐发展出一套影响学习习惯的体系网，因此，熏陶教育法也可以称为感染教育法。

在日常环境中，高校学生的生活和学习离不开日常环境的影响，通过从日常生活和学习中进行充分渗透，可以帮助学生组织更加严密的管理体系。从培养学生整体思维的角度来看，熏陶教育带有鲜明的时代烙印，是学生自主化学习升级的体现。熏陶教育法在实施过程中，可以充分贴合高校学生的日常行为和生活习惯，力求在传统教学习惯和创新管理方法间找到最佳的平衡点。从具体的执行手段上说，通过对教学行为的渗透、对成长路径的合理规划、对关键时机的准确把控和对固有教学模式的反思，从而发展出能够灵活应对各类变化趋势的教学方法。

一方面，用熏陶或渗透的方法进行立体的教育工作，才能更贴合学生的实际需求，避免出现不切实际或偏离教育初衷的情况。不同于专业课程中针对性强的特性，熏陶教育法的教育对象具有广泛性。高校学生具备一定文化底蕴、团队意识明显、开放程度较高，并且思维方式更为灵活，这些因素都使得熏陶教育的正面影响更大。另一方面，运用熏陶教育法进行教学管理时，要尽可能多地运用正面管理方法。从心理学层面看，要善用赞赏优秀者、鼓励良性行为的方法，树立榜样标杆，强化积极正向的氛围环境。通过此类行动，可以令个体充分发挥主观能动性，使该群体中的每一个独立个体都能掌控自身行为，并逐渐向良性的趋势靠拢。

熏陶教育通过对学生日常行为的管理、精神素质的打磨，来不断提升学生的学习能力和品格。熏陶教育具有对日常行为的感染力和对正确认知的指导性源于熏陶教育是对日常生活的提炼。随着对日常生活中一系列正面因素的吸纳包容，熏陶教育理念也在逐渐产生着变化，并形成了越来越完善和越来越系统的体系。该体系的不断升级也可以为实际教学工作带来更加客观、科学的指导作用。

3. 情感教育法

在教育主体和客体之间搭建情感交流的桥梁是情感教育法所崇尚的，因为其不仅能独自发挥情感教育的功能，还能对其他教育工作起辅助作用。制定严格的教育管理制度对高校学生日常生活有非常重要的作用，制度以外的高校学生日常生活情况是情感教育法所关注的。正常的人际往来、朋友互动、心理沟通、情感交流等精神层次的需求，游弋在硬性的校园制度生活内外。

教育管理者作为教育管理的主导者，要了解学生的情感，分析情感元素的功能，明确情感的属性，把不同的情感作为管理日常工作的考虑要素，并且对高校学生的正常人际往来进行正确定义。拓展多种资源和模式，培育高校学生日常生活中的健康情感。概括来讲，情感的本质主宰了交往的本质和方向。

正确的情感是创建和谐管理关系的要素，能让高校学生对管理者做到尊重和认可，让高校学生自觉遵守管理规则。肯定情感是进行管理教育的主要基础，同时也是定义管理成果的重要条件和标准。在此也需认清，否定情感也是客观存在的正常情感，我们必须了解其存在的客观性，如实地体现状态的价值。存在即合理，这种情感在让人觉得不舒适的同时，人们能发现问题的根源所在，以此让教育管理者和学生群体同时进行思考，从而修正错误的做法和言论。通过准确辨别日常生活管理教育中出现的问题，并积极引导学生，将不健康的负面情感转为正面情感。

4. 生活顾问法

生活顾问法是立足于现实生活管理，使用生活指导教育方法。生活指导立足于风格、个体区别及人的需求，有效地完善了正规教学。它提倡借助专业知识来进入大学生的日常生活，它的服务对象是大学生。随着工作的展开，使学生的个人素养得到全面、均衡的发展。它基本涵盖了学生与社会需要的全部层面，如生活、品格、交流、卫生、保健、学习等。

从本质上来讲，生活本身就是一种教育。我们在日常生活中所经历的，无论是挫折还是成功，都能使我们得到锻炼。这种由生活自身经营的教育，我们可以称之为生活教育。生活教育强调的是通过实际的生活经验来学习和成长，而不仅仅是在课堂上的学习。这种教育方式更注重实践和体验，能够帮助我们更好地理解和适应生活，也能够提升我们的生活技能和社会技能。因此，我们应该珍视并充分利用生活中的每一个学习机会，让生活教育成为我们成长的重要部分。

针对大学生开展生活指导教育应该是生活教育的一个重要方面，它的信息应当囊括生活中的所有，由普通的生存生活指引引申为精神层面指引，最终到品德方面的指引。生活顾问一定要了解大学生日常生活的需求，给他们提供特别的支持、援助与服务。所有的援助都应当以一对一的方式进行，这样具有针对性生活指导教育是将教育人员、管理人员和伴随人员三个角色融为一体，使学生的需求得到满足。

第五章　现代老年教育管理路径的多维思考

现代社会提倡终身教育，人们需要终身学习。因此，针对离开校园许久的老年人的教育成为社会关注的问题。本章介绍现代老年教育管理路径的多维思考，分别从老年教育概述、现代学校老年教育管理、现代社区老年教育管理和现代远程老年教育管理四个方面进行介绍。

第一节　老年教育概述

一、老年教育是科学的

（一）老年教育是人文社会科学

说它古老，是因为在 2500 多年前孔子就有老年教育的思想萌芽。说它年轻，是因为现代意义的老年教育研究开始于 20 世纪末期。社会发展到老龄化阶段，人类社会进入终身学习型社会时期，老年教育才开始引起人们的关注，其被誉为 21 世纪最重要的学科之一。

（二）老年教育是交叉科学

既然老年教育是老年学和教育学的交叉学科，那么我们首先要弄清老年学和教育学的概念。老年学是一门探究人口老龄化现象及其对个体和群体的影响规律的学科，旨在研究人口老龄化与其所处的社会和生态环境之间的本质联系，以及人类社会和个体如何应对老龄化挑战。教育学是研究培养人的全面发展及其规律，以及研究社会教育现象、教育问题和教育事实的学科。老龄化对人类社会发展来说是一个新的问题，老年学作为一门独立学科最早出现在 20 世纪 40 年代。老年学包括老年医学、老年社会学、老年心理学、老年教育、老年伦理学等分支学科。教育学包括幼儿教育学、普通教育学、高等教育学、职业教育学、成人教育学、老年教育和教育心理学、教育管理学、教育未来学等分支学科。我们研究老年教育，不是把老年学和教育学简单相加，而是让两者相互交融。老年教育既包含老年学和教育学的基本原理，又有其自身的特殊性。老年学和教育学紧密相连，相互渗透，其内在关联的直接性和间接性都将深化对老年教育理论的探讨。我们要把老年学、教育学基本原理同老年教育的生动实践结合起来，深入探讨老年教育的性质、特点，从而揭示老年教育发展的规律，构建有中国特色的老年教育学科体系。

（三）老年教育急需发展

我国老年教育事业发展过程中，数以万计的老年教育工作者进行了大量的艰难探索，积累了丰富的实践经验，这是老年教育产生和发展的实践基础。实践出真知，实践是检验真理的唯一标准。教育家探讨得出的老年教育的规律是在总结老年教育实践经验的基础上去粗取精、去伪存真、由此及彼、由表及里地总结而得到的。老年教育研究如果没有先进理论作指导，就会偏离方向，就会不可避免地出现盲目性、片面性、摇摆性；如果离开老年教育实践这一基础，老年教育就会是空中楼阁。

我国老年教育事业的迅猛发展为老年教育研究创造了重要条件。不少专家、教授及老年教育工作者撰写了大量研究论著，部分老年大学还建立了老年教育理论研究机构，积极开展研讨活动，取得了丰硕成果，但老年教育研究在我国尚处在构建阶段（或称作初始阶段），这项工作任重道远，意义重大。积极开展老年教育研究，既是引领和推动老年教育深入发展的需要，也是广大老年人和老年教育工作者的期盼。

二、老年教育的研究对象

老年教育是在老年学和教育学发展的基础上诞生的，是老年学和教育学相互交融而产生的一门新兴学科。中国老年教育研究的是，以中国老年人为对象、以中国文化为底蕴的中国老年教育的发展历程和现状，老年教育的本质、功能、特征与规律，老年教育的方针、政策与意义。老年教育研究具体探讨老年教育的课程设置、教学方法、思想教育、校园文化建设，研究老年教育的行政管理、学校管理及发展前景等，解决对老年人进行身心健康的训练、知识更新等问题，推动老年教育的可持续发展。老年教育按研究内容可分为基础理论研究、对策应用研究和前瞻性研究三个方面：

（一）基础理论研究

基础理论研究又称为老年教育原理研究，它是一项旨在建立具有中国特色的老年教育理论体系，有关老年教育本质、作用、形式、内容及特征等方面的研究，借鉴古今中外老年教育的文明成果以阐释和指导我国老年教育工作。

（二）对策应用研究

对策应用研究即对老年教育领导管理体制、运行机制、政策导向、教学管理、课程设置、德育工作、质量评估、后勤保障等方面的应用研究，为决策提供咨询，为实际工作提供指导。老年教育的创立和发展有其客观规律，根据老年教育发展规律提出对策是一件严肃的事情，要对其进行大量的、深入的调查研究，增加研究成果的针对性、现实性、可操作性。对不同对策的评估和可行性研究都需要大量调查论证，特别需要对各种典型事例进行研究。通过不断地实践和研究，形成较为完善的对策，因势利导，促进老年教育的发展。

（三）前瞻性研究

前瞻性研究即对老年教育立法、发展机遇、发展战略、发展趋势等方面的研究，这对发展老年教育具有特别重要的意义。人口老龄化是一个急剧变化的过程，老年教育也因此蓬勃发展，一方面，老年教育研究必须增强适应能力，根据形势变化提出相应的对策；另一方面，也是更重要的，要提出科学预见，指明发展趋势，对新的发展早做准备，以便科学应对。前瞻性研究要立足现实，进行科学预测，研究成果要尽可能地切合发展实际。老年教育在发展过程中，各种新情况、新问题不断出现，我们必须正视问题、研究问题、解决问题，从而实现老年教育的健康发展。前瞻性研究不仅为国内老年教育事业的完善和发展提供了科学依据，而且丰富了老年科学，并对整个教育科学的研究和发展有新的启迪。

三、研究老年教育的意义

开展老年教育研究，为老年教育立言，是一个功在当代、利在千秋的惠老功德工程，具有非常重要的意义。

（一）探讨老年教育的规律性

任何一门学科都是研究客观规律的，老年教育研究也不例外，老年教育发展的客观规律也蕴含在事物的发展中，有待探索发现。老年教育是人类社会发展进程中必然出现的现象，有必然性，不以人的意志为转移。开展老年教育研究的根本目的，就是从老年教育诸多要素和各种现象中揭示老年教育事业发展的客观规律，以指导老年教育实践，推动老年教育事业发展。

（二）增强老年教育的科学性

老年教育研究涉及老年学、教育学、心理学、社会学、思维学，以及信息论、系统论等许多相关学科，是一项综合性很强的研究。老年教育一方面内涵丰富、意义重大，另一方面工作难度大。老年教育作为一门科学，不仅要认识世界，更要改造世界。对老年教育的地位作用、本质特征、体制机制、组织管理等方面，多数地方还处在摸索阶段，自发地、盲目地实践，往往与老年人的真实需求相背离，与科学发展相违背。如果忽视老年教育的理论研究，就会制约老年教育的科学发展，甚至会走弯路。老年教育在发展过程中，有大量实践经验需要进一步做出理论总结，实现学术升华；有大量长期争论不休的问题，需要做出科学正确的解释，明确前进方向；还有对老年教育发展中一些深层次的问题，需要深入研究、全面整合、提出对策。老年教育研究可以极大地推动老年教育事业的科学发展，有效地服务于老年教育事业。

（三）提高老年教育的前瞻性

老年教育要实现科学发展，需要高水平的理论研究作为支撑。我国的老年教育是一项长期的、日益发展壮大的朝阳事业，在发展道路上必然会遇到一些困难和问题。要实现老年教育的发展，必须攻坚克难，首要进行的就是对老年教育瓶颈的突破。要使老年教育朝着正确的方向不断发展，就必须对其进行全面、长远、根本的研究和项目设计。为保证老年教育沿着正确方向发展，要向广大干部群众普及老年教育研究成果。普及对象应该包括老年教育政策的制定者和老年教育的主管领导；各级老年教育管理人员、教学人员、服务人员；老年人、老年人家庭成员及社会志愿者等。普及的目的在于加强社会成员对老年教育的认识，营造一种关注并支持老年教育事业发展的良好社会氛围，从而提高老年教育的科学水平。各级党政领导和从事老年教育工作的领导要把搞好老年教育学术研究提上日程，牢固树立办好老年教育必须依靠科研的意识，从战略高度上重视对老年教育的研究，充分发挥老年教育科研的引领作用，促进老年教育良性发展。

四、研究老年教育的途径

（一）指导思想的一元性和学术见解的多样性相结合

一是要坚持指导思想的一元性。必须坚持以马克思主义为指导，始终以马克思主义的立场、方法、主张为方向标。习近平新时代中国特色社会主义思想，是对马克思主义、毛泽东思想、邓小平理论、“三个代表”重要思想以及科学发展观的传承和深化，是马克思主义中国化取得的最新成就，是全党、全国人民为实现中华民族的伟大复兴而不懈奋斗的行动指南，同时也是我们发展各项事业的指导思想。要深刻领会其精神实质和丰富内涵，加强自身对中国特色社会主义的道路自信、理论自信、制度自信以及文化自信的理解，培养深化自身的政治意识和大局意识，牢牢把握老年教育研究的正确方向。二是包容学术见解的多样性。坚持党在哲学社会科学工作上提出的多种方针政策，广泛听取各方面提出的不同意见，鼓励不同意见的相互交换，集思广益，共同提高。三是把指导思想的一元性和学术见解的多样性结合起来，通过深入研讨和理论整合，汲取方方面面的研究成果和先进经验，构建具有中国特色的老年教育体系，引导老年教育健康发展。

（二）理论研究与实践探索相结合

马克思主义认识论的首要观点和根本观点在于实践。在老年教育科研进程中，我们必须首先解决老年教育实践中的显著难题。老年人的学习和生活、教师的教学实践以及老年教育的创新发展，都是老年教育理论研究的主阵地。老年教育科研工作应当保持目标清晰、有序，为此我们需要用先进理论来引导老年教育的实践发展，应当从满足老年人的学习需求、促进老年教育健康发展的角度出发，将研究成果和实践经验转化为学术层面的具体行动。要将理论研究与工作开展紧密结合，以理论研究破解工作难题，加大科研成果的应用转化，让科研成果产生放大效应。

（三）国外经验与国内经验相结合

他山之石，可以攻玉。一是借鉴国内先进经验，特别是普通教育的先进经验。要把普通教育中一些适合老年教育的理论研究成果运用到老年教育中来，这是深化老年教育理论研究的重要途径。二是借鉴国外先进经验。现在，人口老龄化问题已日益引起各国政府重视。各国政府采取积极措施加以解决，其中一条重要举措就是发展老龄科学，加强老年教育研究，培养老年教育科研人才。从20世纪70年代起，各国学者就开始涉足老年教育研究领域，不断有老年教育方面的成果问世。瑞典、法国、日本等国家陆续建立了研究机构，有的在大学里开设老年专业或老年学系，有的大学设立了老年学院，这些做法是值得我国借鉴的。从实际情况出发，认真汲取和利用一切先进经验，可以帮助我们少走弯路。

（四）坚持专业队伍与发挥群体优势相结合

我们要保持认真学习、潜心钻研、缜密思考的工作状态。内心平静、思维细腻和富有智慧是研究者参与老年教育理论研究高层建筑建设的必要条件。为老年教育“蹚方步”的人，必须坚持马克思主义的指导地位，辩证地、战略地、创新地看待问题，以和缓的心态、理性的思维方式分析、研判和解决老年教育的一系列战略策略问题：必须全神贯注地进行学习和思考，把握老年教育的实际情况，梳理老年教育理论的脉络，并展望老年教育的蓝图。目前，中国老年大学协会老年教育学术委员会在全国老年教育系统中进行着专业的老年教育科研。其通过创办学术期刊、组织重大课题攻关、开展理论骨干培训等多种方式，主导着老年教育科研事业的发展。福建老年大学在福州大学开办老年教育研究所，招收老年教育研究生，培养老年教育专业研究人才。老年教育中的教育现象相当复杂，它与政治、经济、文化、社会都密切相关，需要我们多学科、多角度、多层面地开展研究。它涉及教育学、社会学等，也关联自然科学领域，仅靠少数人进行研究是难以实现目标的。

第二节 现代学校老年教育管理

一、学校老年教育概述

我国学校老年教育从省级地方党委主办、主要面向离退休老干部办学的老年大学起步，在巨大的社会需求和政策推动下，市、县党委以及一些乡镇、街道、农村、高校、部队、企业也设立了老年大学、老年学校或老年学习中心等老年教育机构，学校老年教育快速发展，并逐步形成遍布全国城乡的体系。老年教育机构的名称一般参照行政区域的划分，省、市、县（区）党委主办的老年教育机构称为老年大学，乡镇、街道、农村等县级以下公办的老年教育机构多称为老年学校（也有的称为老年大学），由高校、企业、部队等主办的老年教育机构则名称不一，所使用的名称包括老年大学、老年学院、老年学校等。

（一）老年大学发展状况

目前社会上所称的老年大学主要指由各省、市、县党委设立和支持，由老干部部门牵头管理的地方老年大学。在我国老年教育机构中，地方老年大学是主要力量，体系健全，办学条件最好，办学水平最高。

1. 老年大学的诞生与创立

老年大学的诞生与我国的改革直接相关。1982 年，中共中央出台了《关于建立老干部退休制度的决定》①，为了让老干部退休后能老有所教、老有所学、老有所乐、老有所为，能够继续学习、奉献社会，老年大学应运而生。1983 年 9 月 17 日，中共山东省委组织部和山东省红十字会共同创办的山东省红十字会老年人大学成立。山东省红十字会老年人大学是我国第一所老年大学，它的诞生具有强烈的示范意义。此后，许多地区关注山东省红十字会老年人大学的做法，一些地区还派出考察团前往该学校学习调研，并筹备建设自己的老年大学。此后，各地老年大学如雨后春笋发展起来。

2. 老年大学形成省、市、县办学体系

老年大学的办学模式和作用不仅受到老年人的欢迎，而且各级党委、政府给予了充分重视，并出台政策予以引导和推动。各级政府对老年大学给予了充分的肯定与支持。有了国家层面的推动，老年大学在全国各地发展的步伐进一步加快，迅速在市、县乃至基层拓展，逐渐形成办学体系。

（二）各级政府的推动

老年大学的迅速发展受经济社会发展、老年人学习需求不断增长等因素的正面影响，但老年大学在起步和发展阶段受到了各级党委、政府的重视和推动。建设老年大学的最初原因是适应国家干部任用制度改革，让离开领导岗位的离退休干部能够老有所教、老有所为、老有所乐。因此，各级党委、政府把举办老年大学、发展老年教育作为老干部工作的一项内容来抓。随着国家经济社会的发展，老年大学受到了社会的欢迎，社会上的老年人也积极参加老年大学的学习，因此老年大学又发展成为一项民生事业，被纳入各地党委、政府的工作任务中。党委政府的推动措施主要有：

---

① 中共中央组织部老干部局．老干部工作文件选编 [M]．北京：党建读物出版社，2008．

1. 出台法律和政策

国家和地方各级党委、政府把老年教育作为老龄事业和终身教育工作的组成部分，制定法律法规或出台规划、政策，推动老年教育发展和老年大学建设。

2. 设立机构和配备必要的条件

把老年大学设置为参照公务员法管理单位，在人员编制、办学办公场所、办学运转经费管理体制机制上给予支持。

3. 加强领导班子配备

为了加强老年大学的协调和组织能力，各级党委还通过当地领导兼职等方式，为老年大学配备了领导班子。例如，福建省将福建老年大学确定为参照公务员法管理的事业单位，福建省委为福建老年大学配备了强有力的领导班子，历任老年大学的校长均由省级领导担任，以加强组织协调，推进老年大学的建设与办学。

4. 行业协会积极促进

在老年大学的建立与发展过程中，各级老年大学协会与学会发挥了重要的作用。比如，中国老年大学协会作为民政部部属社团，被赋予部署、指导、协调和推动全国老年大学建设和发展的职责。

（三）老年大学的办学条件

1. 管理体制机制

从全国省、市、县三级老年大学情况来看，老年大学多由地方党委组织部、老干部局主管，并设立校务委员会，作为独立的事业单位运作。近年来，随着改革开放的不断深入，党委、政府积极引导和支持社会力量参与老年教育，一些老年大学的管理体制机制出现了新的局面。例如，晋江市老年大学成立校董会，聘请十多位海外华侨和知名企业家担任董事，企业家、华侨积极参与老年大学的建设和管理，并在人力，物力、财力等方面对老年大学的办学和发展给予支持。

2. 办学经费投入

老年大学的经费来源，采取“财政拨款为主，相关部门支持一点，社会捐助争取一点，学费适当收一点”多渠道筹措的办法解决。由于属于公办事业单位，老年大学的工作人员薪资、办学场所建设经费、办学设施和设备采购经费、日常办公经费纳入财政预算中，由政府拨款，教学所需的经费也主要由政府拨款。考虑到退休人员收入相对较低，老年大学的学费标准普遍不高，一般一门课程一个学期收费为 100～200 元。一些老年大学还能获得来自企业、机构、个人等方面的捐助，不过政府拨款是老年大学经费的主要来源。

3. 办学场所建设

许多老年大学在建立之初受经济发展水平和条件限制，需要通过借用校舍来办学。在政策的推动下，各地通过多种方式解决老年大学的办学场所问题，包括新建老年大学校舍、调整政府办公用房用于老年大学、将多余的小学校舍资源划拨给老年大学、借用部队的营房等。部分经济条件较好的市、县，积极在城市多个区域建设分校，拓展教学点布局。

4. 师资队伍建设

老年大学主要通过聘请当地在职或退休的教师、医生等专业技术人员前来授课的方式解决师资问题。除省级老年大学和个别设区市老年大学有数额较少的教师编制外，其他市、县级老年大学则几乎没有教师编制。即便是一些有专职教师编制的老年大学，近年来出于管理和使用效率等方面的原因，也已经很少配备专职教师。因此，党政机关、企事业单位和社会的专业技术人才成为老年大学师资的主要来源。

二、老年大学管理的内容

老年大学管理既包括对学校人、财、物的管理，又包括对学校办学方向、教育目标、教育教学任务、实施效果等的管理，是对学校全面的、系统的管理。管理的主要内容包括老年大学行政管理、教学管理、科研管理。

（一）老年大学行政管理

1. 人力资源管理

人力资源管理是通过对人的管理，吸引德才兼备的人才，调动全校人员的积极性、创造性，充分发挥其聪明才智，建立积极向上的学校工作群体。老年大学如果没有人才保证，提高办学水平就会成为空话。管理内容包括对教职工的聘用、调配、考核、奖惩等。具体包括：制订学校用人计划，为学校吸引人才；办理干部任免、调配和选拔事宜；负责教职工的鉴定、考核与奖惩；负责教职工聘用培养、进修和人事档案管理；办理教职工请假、休假和离职事宜；掌握全校人事统计等。

2. 后勤管理

后勤管理主要是广开渠道筹措办学经费，改善办学条件，充分发挥学校财力、物力作用，发挥资金最大效益，为学校各项工作开展提供后勤保障。管理内容有财务管理、财产管理、校园环境管理等。后勤管理具体包括校舍的规划和建设、学校选址、场地布局；学校的绿化、美化、亮化，优化校园环境；加强财务管理，严格财务制度，做好经费拨人、分配、使用、结算等工作，管好、用好办学经费；增收节支，广开财源，聚集社会资源敬老助教；管理教职工劳务费及福利；做好对校舍水、电、暖和办公、教学、活动等的管理；等等。通过这些管理改善办学条件，提高服务水平，促进后勤管理人性化、科学化和现代化。

3．安全管理

安全管理包括：建立健全安全保卫工作领导责任制，牢固树立安全第一、生命至上的意识；建立完善学校安全保卫工作规章制度；对学校用电设施、饮用水安全加强管理，防火、防盗、防事故；维持校园内正常的教学和工作秩序；建立学校各类安全应急预案等。要建立健全定期检查和日常防范相结合的安全管理制度，进一步强化门卫值班管理和车辆管理，制定安保人员工作奖惩细则，使涉及学校安保的各项工作有章可循。

校园安全是老年大学管理的第一要务，保证校园安全是最基本的要求。学校工作千头万绪，但安全工作永远要排在第一位，要超前谋划、认真应对。必须树立安全意识，完善和遵守安全制度，用制度管人、管事、管运作，全方位为师生提供良好舒适的教学环境，营造和谐、温馨、高雅、绿色的安全校园。

4．公共关系管理

公共关系管理旨在使社会人士和校内人员认同学校的办学目标，作出良好评价，进而推动学校各项任务的完成。总的来说，公共关系管理作为高校的常规职能，从内部，它要求学校人员团结一致；从外部，它追求健康发展。老年大学搞好这项管理尤为重要，要在实践中逐步规范、完善。

（二）老年大学教学管理

教学管理是学校管理的主要方面。要想顺利地实施教学计划、提高教学质量、完成教学任务，就需要保证教学管理的实施。教学管理的主要内容和方法如下。

1．教学思想管理

管理行为受管理思想的支配。教学思想必须适应和促进老年大学的教学活动。所谓教学思想就是学校管理人员和教师对教学过程中诸种因素间相互联系的理解、观点和主张，是教育思想的具体表现。教学思想管理需要管理者在保证教学的基础上，总结探讨老年大学教学管理的特殊规律，将教学管理寓于为老年学员服务之中，让老年学员感受到和谐和愉悦。

2. 教学常规管理

教学常规管理包括设置课程和班级，做好招生报名、编班注册、编制课表等；制定教学大纲和教学计划、编制教学活动管理表册、编选教材；加强师资队伍的建设，有效管理教师教学活动的开展，包括课外辅导、备课讲课、考核检测、作业批改等方面；管理好学籍档案和教学资料档案等。

教学常规管理要求师生遵守最基本的行为规范，它是一项需要长期、稳定地保持的管理活动。与此同时，随着时代的演进和实践型教学的开展，教学活动也日益科技化。这就要求教学常规管理的内容也发生相应的改变，改变视需要和具体要求而定，情况不同，教学常规管理的内容也会随之改变。

3. 教学组织管理

教学组织是由各级各类管理人员按照不同的分工和一定的职权关系组成的管理集体，是进行教学管理的组织。顾名思义，教学组织管理就是指发生在教学过程中的组织和管理。内容和方法包括建立教学组织机构、充分发挥教学组织职能部门的功能、做好教务管理、加强教研组建设、发挥教育科研室的作用等。

4. 教学质量管理

教学管理工作围绕着教学质量管理工作开展，教学质量管理通过组织、指导、协调、控制教学过程，达到培养学生的最终目的。其内容包括树立正确的教学质量观，强化教学质量是学校“生命线”的意识；确立教学质量标准，实施教学质量监控，注重教学质量评价；加强学科建设，打造精品特色学科等。

（三）老年大学科研管理

老年大学科研是一项具有创造性的认知活动，其研究对象为老年教育领域中的各种实践活动，特别是教学活动，旨在深入探讨老年教育规律。

作为深化教育改革和提高教学质量的重要动力，老年大学科研管理能够提高老年教育工作队伍的素质水平。

1. 科研管理的目的

科研管理的目的在于，分析研究老年教育现象，提升老年教育科研水平，解决老年大学教育学术问题和实践问题。老年大学科研要按照教育科研的基本规范，应用各种科学方法对老年教育现象进行分析与认识，揭示老年大学教育现象的本质及变化规律。老年大学科研是现代老年教育的重要组成部分，是老年大学自身丰富、发展、完善的基本手段。

2. 科研管理的特点

老年大学科研管理应当坚持为学校服务，对具有方向性、根本性的课题进行研究；要坚持实事求是，与学校实际工作紧密结合，有明确的目标和可供检查的指标；要坚持采用科学适用的研究方法，搞好研究设计，进行准确、系统的观察记录和分析，收集可靠的资料数据，依靠科学的逻辑获得真实的研究结果。要坚持问题导向，以问题解决为归宿，从中形成思想并升华为理论，这种理论具有描述事实、解释现象、预测趋势、改进工作、打造特色品牌等作用。

3. 科研管理的内容

老年大学科研管理应当逐步实现科学化、规范化。管理内容主要是制定老年教育科研规划，拟定科研指南，组织课题申报，进行评审并批准立项，管理课题研究过程，组织结题鉴定，组织年度或跨年度优秀老年教育科研成果评选，召开优秀老年教育科研成果表彰会推动研究成果转化等。

4. 科研管理的保障

搞好老年大学科研工作，学校要在人员、经费、办公设施、信息资料等方面提供支持；研究人员要深入教育教学一线，在实践中了解真实情况，提出真知灼见；要有组织、有计划地开展调查研究、课题攻关、专题研讨、学术交流等活动，提高研究水平；要积极创办校报和学术刊物，利用发放论文资料、传播网络信息、组织研讨交流会议等形式，为科研成果的交流、推广、应用提供平台。

三、老年大学管理组织与人员职责

学校管理组织是学校管理有序运行和实现学校整体工作目标的保证，主要研究学校系统内部各组织之间的关系，以及各个管理岗位的人员职责等。

（一）领导体制和领导班子建设

1. 领导体制

领导体制对老年大学的内在活力和发展有重要的影响。我国各地老年大学领导体制主要有校务委员会领导下的校长负责制、董事会领导下的校长负责制、党委领导制、校长办公会议集体责任制、专职办公室负责制、返聘老领导负责制、专职和返聘混合制等。从领导班子成员的成分来看，有在职领导干部组成的班子，有在职领导干部和离退休干部相结合组成的班子，也有全是离退休干部组成的班子。现行各种领导体制和办学模式的多元性和多样性是客观存在的，都有其存在的合理性。但无论何种体制和模式均应体现当地党委、政府对老年大学的坚强领导，均应遵循民主集中制的领导原则。

2. 领导班子建设

领导班子是领导老年大学建设和发展的核心。挑选领导班子成员，加强领导班子建设，应做到以下几点。

①领导班子成员要热爱老年教育工作。要政治上坚定，忠诚党的老年教育事业，热爱老年人。要让理解老年人并懂得教育规律的人进入学校领导班子。要优先挑选从事过老干部工作、老年教育工作的干部成为领导班子成员。

②领导班子成员要有较高的威望和能力。其在社会上和老年群体中，要有良好的口碑和形象；能够与本地党政领导及主管部门进行沟通，协调有关方面的工作，争取社会广泛支持。

③领导班子成员要有专业和职称要求。老年大学是老年人的高等学府，这项工作需要德才兼备的专业人才来从事。领导班子多数成员应有大学本科以上学历或具有高级职称。

④领导班子成员在年龄上要形成新老优化组合。在职干部要成为领导班子的主要力量，负责学校日常管理工作。离退休老同志有着丰富的领导经验和社会阅历，了解老年人地学习需求，与老年教育对象有共同语言，因此要发挥他们的重要作用。聘请担任过学校领导的离退休老同志，要求身体健康，有充足的时间和精力，一般情况下，在年龄上校长不超过 75 岁，副校长不超过 70 岁。

⑤领导班子成员应有职数和述职考核等相关规定。领导班子职数要与办学规模挂钩。市级以上老年大学领导班子成员占老年学员的比例一般是 1%，最多不能高于 2%。县级老年大学一般配备 2～3 名领导班子成员。要根据当地要求和老年大学实际情况制定出一套考核制度和实施方案，加强对领导班子成员的考核。

（二）校长负责制和校长的职责

1. 校长负责制

校务委员会领导下的校长负责制是多数老年大学实行的领导体制。校长负责制是指上级领导机关将全部的学校管理任务委托给校长，校长则统一领导学校上下，全面负责学校事务管理的制度。因而，在学校的行政组织中，校长代表学校应对外界情况，全面领导学校内部，是学校的法人代表。

有的老年大学的校长由党政领导或主管部门领导或德高望重的离退休老领导担任，学校日常工作由常务副校长（专职副校长）负责。主持学校日常工作的常务副校长，经校长同意，可以代行校长赋予的职责。实行校长负责制有利于校长开展工作并理顺各方面关系，有利于提升学校的工作效率。

2. 校长的职责

我国著名教育家陶行知先生在谈到校长的作用时说："校长是一所学校的灵魂，要评论一所学校，先要评论她的校长。"[①] 老年大学校长在老年教育中具有至关重要的作用。校长领导全校的行政工作，其主要职责包括以下几点。

①贯彻落实党和政府制定的老年教育方针、政策。组织全校师生认真学习党和政府制定的老年教育方针、政策，明确上级领导关于老年教育的指示、决议和要求，结合实际情况制定实施意见，保证党和政府的老年教育方针政策落到实处。

②用先进的教育思想引领学校发展。校长对学校的领导首先是教育思想的领导。要用正确的、科学的、先进的教育思想统一全校人员的认识，使之成为开展老年教育工作的信条和基本原则，为学校的发展提出正确的建议和策略，并通过多种途径贯彻落实，使老年教育的发展更加符合时代发展的要求，更加符合老年人的需求，更加符合老年教育的发展规律。

③组织主持教学工作。高校的核心职能在于教学工作，教学质量是学校生存和发展的重要保障。校长应高度重视教学管理，提高教学管理水平，经常深入教学一线，了解教师教学和学生学习情况，加强对教学工作的检查指导，及时发现问题、解决问题，在教学规模、教学设施、教学质量上不断取得新突破，增强老年人学的吸引力和凝聚力。

④加强教师队伍建设。校长的重要职责之一就是为学校组建一支敬老爱老、相对稳定、结构合理的教师队伍。因此，必须认真贯彻党关于知识分子的政策，招聘教师时保持真诚，要尊重、关心教师，为教师提供政治上、工作上以及生活上的支持。要有计划地组织教师进修培训，努力改善教师的工作和生活条件，激发其工作积极性与创造性，建设高素质的名师队伍。

⑤做好领导班子建设和工作人员队伍建设。事业兴衰，成败在人，要加强思想政治工作，激发所有人的积极性。要坚持抓班子、带队伍，抓出一个学习创新、民主团结、真才实干、勤政廉洁的好班子；带出一支思想进步、本领过硬、作风优良、纪律严明的工作团队。

（三）学校组织机构

学校组织机构是指学校按照一定的工作任务和目标，根据不同的工作性质、

① 陶行知．陶行知讲国民教育[M]．南京：河海大学出版社，2019.

岗位、职务对组织成员进行组合，使之构成层次适当、结构严谨的有机整体。进行管理的前提是要有学校组织机构，它是一种代表管理权力的实体结构。

1. 政治性组织机构

各级老年大学都要建立中国共产党组织。规模较大的老年大学应建立党委，规模较小的老年大学可建立党总支、党支部等基层组织。党组织在学校工作中处于政治核心地位，对学校管理起监督保证作用，并充分发挥党员的先锋模范作用。

2. 行政性组织机构

包括校务委员会以及根据学校规模及实际需要设置的办公室、教务处、研究室等。

（1）校务委员会

校务委员会是研究处理学校重要工作的决策机构，由学校党政领导干部、各处室及社团组织主要负责人组成。其负责对学校重大事项进行研究、协商并做出决策。设立校务委员会有利于完善科学民主决策机制以及执行集体领导与分工负责相结合的制度。

（2）办公室

办公室是处理日常校务工作的办事机构，负责学校党群、人事、后勤、保卫等日常性组织管理工作，具有综合协调性和辅助性特点。规模大的学校还可另设人事处、后勤处等。

（3）教务处

教务处是学校行政机构的重要职能机构，负责教学、教师、学员组织管理工作。规模较大的老年大学可分设学员处等。

（4）研究室

研究室服务于学校领导，负责收集、整合校内外信息，开展教育科研项目和教师培训。

3. 业务性组织机构

包括教研组、教学班和教学辅助机构等。

（1）教研组

教研组一般由同专业的教师组成。规模小的学校或同一专业教师少的，也可由相近专业的教师组成。教研组并非行政机构，而是各专业教师进行教学研究的机构。不过在实际工作中，一些学校会赋予其一定的管理方面的职责。

（2）教学班

教学班是全体学生进行学习活动的基层组织。学校也通过其对学生进行教学管理。教学班的领导者和组织者是班主任。班委会是教学班需要设置的学生机构，在班主任领导下由学员自主管理、开展工作。

（3）教学辅助机构

教学辅助机构种类较多，包括网络中心、实验室、医务室、学报编辑部、档案馆、教学发展中心、招标采购中心资料室等。这些辅助机构，有的单设，有的归行政处室管理。

4. 社团组织机构

包括老年学员代表会、专业学术活动组织等。

①老年学员代表会也称学生会，是学校党政组织领导下的学员自管组织，协助教务处和班主任领导各班委会工作。

②专业学术活动组织包括书画协会、摄影协会、诗词协会、戏剧协会、舞蹈协会、艺术团等。

第三节　现代社区老年教育管理

一、社区老年教育概述

社区内为老年群体提供的教育活动，包括老年学校教育和利用社区内相关资源进行的老年教育，即社区老年教育。因此，老年教育在社区中扮演着至关重要的角色，它不仅是社区教育的重要组成部分，更是社区养老服务体系的一部分。推进社区老年教育的发展不仅有助于开拓老年教育的新领域，同时也有助于提升社区教育的服务品质，同时，对于促进社区养老服务体系的发展也具有积极意义。

（一）社区老年教育的含义

1. 社区老年教育概念综述

对社区老年教育有关概念与内涵做出科学的界定，是开展好社区老年教育的前提和基础。近几年，我国对于社区老年教育的研究和论述颇多，在对相关文献进行深入研究的基础上，目前国内学者从多个角度对社区老年教育的概念进行了明确的定义和详细的阐述。王英认为，社区内的老年教育活动服务于老年人和准老年人，旨在满足他们的教育需求，保障他们的受教育权利，提高他们的生存和发展能力，以使他们融入社会并在其中全面发展，最终实现老年人和准老年人与家庭、社区和社会的和谐发展。社区老年教育作为一种独特的组织形式，应当纳入社区老年教育的范畴。① 当前关于社区老年教育的研究主要针对老年教育和社区教育这两个教育领域与范畴进行。客观上讲，社区老年教育属于终身教育，是我国积极老龄化战略的重要一环，我们不能简单地将其理解为老年教育向社区教育的延伸或社区教育对老年教育的涵盖，它有自身的特殊性和重要地位。

2. 社区老年教育的定义

关于社区老年教育的定义，可以从社区与老年教育的概念出发。在某一特定的地域范围内，人们聚集在一起，形成了一个社会生活共同体，这个共同体被称为社区。目前，城市社区通常指的是居民委员会所辖区域，这些区域在社区体制改革后进行了规模上的调整。国内学术界对老年教育概念的界定大体有以下三种。

观点一强调老年教育的目标与宗旨，认为“老年教育是以提高老年人的思想道德和科学文化素质，促使受教育者增长知识、丰富生活、陶冶情操、增进健康、服务社会为目的所实施的教育活动②”。

观点二强调老年教育是终身教育的子系统。从终身教育的视野下看老年教育，该观点认为“老年教育是终身教育的最后环节，是人生大教育系统中的一个子系统。它既是成人教育的一种形式，也是终身教育不可缺少的组成部分③”。

观点三认为老年教育有广义与狭义之分，从广义上讲，老年教育是指一切对老年人知识、身心、技能、思想品德等产生有益影响的活动；从狭义上讲，老年教育是指由老年大学及不同层次的老年教育机构对老年人进行有目的、有计划、有组织的教育。显然，狭义老年教育就是对老年教育主要表现形式的总结。④

根据前述分析，我们得以明确社区老年教育的内在涵义和外延意义。所谓社区老年教育，首先是一种发生在社区的教育活动，其教育对象为老年人群。老年人可以有组织地进行学习和交流。老年教育的目的是提升社区老年人的文化修养和生活品质，丰富他们的精神文化生活，满足他们的社交需求。目前，我国基层教育形式中，社区老年教育在老年教育中所占比例最高，它的覆盖面最广，学习最为便捷，可以让人就近学习。

---

① 王英，谭琳．中国老年教育的可及性研究[J]．学术论坛，2010（8）：173-177.

② 黄耀明．老年社会工作理论与实践[M]．长春：吉林大学出社，2008.

③ 卢明．城镇老年教育模式问题的研究[D]．天津：天津大学，2011.

④ 段寅雪．我国城市社区老年教育模式构建研究[D]．南昌：江西师范大学，2014.

（二）社区老年教育的管理体制与组织形式

1. 社区老年教育的管理体制

从根本上说，社区老年教育的成功发展离不开管理体制的保证。所谓管理体制，包括对资金、权责、师资、参与主体的管理，它要组织老年教学活动的开展，磨合运行机制中的各个组成部分。目前，我国采用多元化的管理形式，这使得基层社区的老年教育管理体制也呈现出多元化趋势。具体来说，有如下几个特点。

（1）管理体制多元化

社区老年教育的涵义包括三个层面，即社区、老年和教育。根据这三个层面，在管理社区老年教育的过程中便出现了三种权责划分方式。

第一种方式是将社区作为落脚点，由地方政府直接管理社区老年教育。例如，在天津市，区长或副区长直接负责社区老年教育。第二种方式是聚焦于老年，社区老年教育由老龄办、老干部部门或民政部门负责管理。例如，在西安和北京，社区老年教育由各地的老干部局负责。第三种方式是将重心放在教育上，由教育或文化部门进行管理。例如，上海的社区老年教育由上海市教育委员会负责。此外，有些街道还与社区内的企业、学校和医院合作，共同创办社区学校，为老年人提供教育服务。在基层社区中，老年人的教育管理通常由多个职能部门或科室共同负责。以上部门虽然在社区老年教育发展中起到了举足轻重的作用，但是因未统一应属的系统和统筹协调不到位，当前我国社区老年教育管理存在许多问题。从管理角度看，社区老年教育组织与实施应该实行“政府部门计划，一个教育部门负责，一个基层社区负责实施”一贯式体制。这种层级制的运行体制凸显出行政主导的特点。老年教育由各级教育部门负责便于统筹利用各种教育资源发展老年教育。

（2）人员构成多样化

社区老年学校的管理人员在不同的地方也会不同，大体可以分为以下三种：公办的老年学校都由公务员或离退休的老人管理；企业单位及事业单位主办的老年学校由部分在职人员管理，除此之外还会由退休的老人管理；民办老年学校则大多聘用老人管理。

（3）经费来源的差异化

通过上文可知，老年学校可按照多种方式分类，因此老年学校的办学资金渠道也各种各样：既有由各级财政部门列入预算的公办老年学校，也有政府给予补贴与适当收取学费的老年学校；既有由主管部门筹集经费、政府补贴经费的，也有企业完全自理经费、列入营业外支出的；既有社会公益促成并适当收取学员学费的，也有部分自筹、以收取学费为主的。

2. 社区老年教育的组织形式

社区老年教育的组织形式主要有以下几种。

①街道办事处创办的社区老年学校。街道办事处联合社区居委会设立的社区老年学校，是社区老年教育发展的主要形式。社区老年学校的学员大多是社区内的老人，教师则通常是小区内受过教育的退休老人。社区老年学校由街道办事处管理，多有固定的教学场所、按年进行的拨款和经费以及正常工作的专门人员。

②教育局创办的社区（老年）学校。不同地域的教育局通过当地广播电视大学举办的社区（老年）学校是老年教育发展的重要形式之一。这些社区（老年）学校所属的教育机构归属于教育系统，它能够充分利用广播电视大学的资源为社区老年人服务。老年人在了解了广播电视大学的教学情况，包括科目、师资、设备、校园环境和管理人员的经验等方面之后，也会被其吸引而入学。

③老龄全国工作委员会、中国老年人体育协会设立的老年学校。由老龄全国工作委员会、中国老年人体育协会设立的老年学校多有专门进行教学活动的教学场所。这些学校经费由政府财政部门支持，大多进行着常规的教学活动，已经形成一定的规模。

④各级老年大学创办的学区或分校。在向其他地域发展的过程中，省、市、县等地的老年大学可以通过在街道（乡镇）、社区（村）等地创办社区老年学校或开设分校来实现扩张。这样新建社区老年学校可以接受相关老年大学的引导。它们的师资力量和办学理念也能够得到支持。

⑤民政部创办的星光老年之家。星光老年之家是民政部为满足社区老年人日益增长的物质文化需求而设立的社区福利，旨在为老年人提供综合服务，包括但不限于健康保健、心理咨询、文体娱乐和老年教育服务。

⑥单位自行创办的老年学校。一些单位会为从本单位退休的职工创办老年学校，学校由单位出资，由单位规定教学场所和聘请教师。

⑦民间社团创立的自发性民立老年学校。这些由民间社团及社会爱心人士组织建设的老年学校，面向区域内的老年人提供教育服务。

⑧营利性质的老年学校。这类学校主要是指社会企业与团体采用市场运作行为方式开办的老年教育培训机构等。

综上所述，现有社区老年教育组织形式表现出如下特征：一是由于社区老年学校由各部门分头组建，各校属于不同的机构，相互之间的接触和沟通较少。二是社区老年学校的发展缘于注重老年教育。这使得很多社区照顾老年人、兴办老年学校，进而拉动社区老年教育发展。三是社区老年教育存在发展不均衡的特征。各地的经济发展程度影响着老年教育的发展速度，两者呈现出正相关的趋势。

二、社区老年教育管理的发展现状

我国老年大学在创办之初旨在为各地退休老干部提供学习和休闲的场所。现在，在我国老年大学中，机关、事业单位及文化教育机构的退休职工占据较大比重，基层老年人人数相对不足。随着老龄化进程的加快，越来越多的退休老人由“单位人”转为“社区人”，我国的社区老年教育管理必须再上一个台阶，只有进行正确的老年教育社区管理，才能让老年人放心地在社区进行学习。

（一）社区老年教育管理发展迅速

当前，从全国情况来看，各地政府和社区日益重视老年教育管理，加强了对老年教育工作的领导，纷纷开始建设老年社区教育管理体系，提高老年教育的经费，保障参与社区老年教育的就业，促进乡村基层社区老年教育管理体系的发展。

①社区老年教育管理工作日益得到政府的重视。根据调查，我国多数地区，特别是老龄化程度比较高的地区，对社区老年教育工作的重视程度也较高。

②社区老年教育管理的提高使得办学条件逐步得到改善。多数社区老年学校都有固定的教学场所，老年教育教师数量稳定增加，办学经费稳中有升。

③社区老年教育管理的形式不断丰富。不少地方通过新式管理使课堂教学和自主学习结合、传统学习和网络学习结合、知识学习和实践活动结合、社团学习和分散学习结合，不断更新的社区教育管理扩大了社区老年教育的覆盖面。

④社区老年教育管理工作发展较快。随着老年教育的工作重心下移，社区老年教育异军突起，老年人对教育的需求日益增加，又因老年人行动的不便性，老年社区教育在老年人群体中的需求不断增加，促进了老年社区教育的管理发展。

⑤近年来，老年教育开始向基层发展，城乡基层的老年群体得以接受老年教育。社区老年教育管理成本低，效益高，是老年教育的重要组成部分。

⑥社区老年教育管理体系基本形成。经过多年的实践与探索，我国一些先行地区基本形成了以区县老年大学为龙头、街道老年学校为骨干、居委会教学点为基础的社区老年教育管理网络。区县老年大学的教育管理较好，其影响力不断增

加，在社区老年教育管理中发挥了引领和指导作用。同时社区老年教育管理的先行地区已经初步建立了党政统筹领导、相关部门主管、公办为主体、民办为补充的体制，使老年人能够进行社团学习、远程网络学习、老年志愿服务等。

（二）社区老年教育管理制度、载体和途径不断创新

1. 制度上的创新

首先，以评估促进建设，为老年群体提供更好的教育服务，进而使老年教育机构得以发展。其次，尝试建立一套面向老年人的终身成果认定机制，建立老年人学习账户，通过老年教育的证书与文凭体系，鼓励老年人可持续学习，激发老年人的学习动机与学习积极性。再次，创新老年人学习测评方式，传统的学习成果鉴定常常采用考试的方式或者体验式学习的方式。创新的测评方式有项目制评价，即通过让学员完成具体项目或任务来评价学员的学习情况。最后，对激励机制进行完善，通过评比来激励老年人参与老年教育。

2. 载体上的创新

首先，在以居家为基础、社区为依托、机构为支撑构建的社会养老服务体系中，将社区老年教育作为养老服务的重要内容，提供现代科技、养生保健、传统文化、娱乐健身等方面的教育服务。其次，积极引导老年教育思想由老有所学向老有所为转变，通过志愿者队伍的组织，将社区老年人的人力资源充分展现出来，创设服务平台，服务老年教育。最后，利用远程教育手段提供更加便捷的社区老年教育，采取线上线下相结合的有组织的学习形式，通过各级各类终身学习网络平台丰富的学习资源提供学习支持。

3. 途径上的创新

社区老年教育改变了传统意义上的教育形式，着力探索公寓老年人学习、社团老年人学习、老年人游学、教育与养老相结合等新路径，教学形态方面也出现了从课堂讲授到体验式学习、学习和娱乐相结合的新型模式。

三、社区老年教育管理的基本原理

社区老年教育办得好不好，除了设施、经费、师资等条件，更重要的是对于社区老年教育的管理。社区老年教育管理要吸收现代管理科学研究成果，把管理建立在准确把握老年人学习特点及顺应管理规律的基础之上，掌握和运用好社区老年教育管理的基本原理。其基本原理主要有以下几点。

（一）科学原理

社区老年教育管理必须遵循老年教育工作的客观规律，一切按客观规律办事，符合科学要求，运用科学的管理理论和方法进行管理，不断提高社区老年教育管理水平。社区老年教育的领导和管理人员要加强学习，不断提高自身素质，探索社区老年教育管理的特点和规律，把社区老年教育管理建立在科学的基础之上。

（二）民主原理

社区是包容型的社区，民主原理的核心是调动人的积极性，尊重社区每位成员的民主权利，激发每个人的积极性和创造性。师生既是管理对象，又是参与管理的主体。实行民主管理就是让参与社区老年教育管理的人员充分行使民主权利并直接参与社区老年教育管理活动。社区老年教育管理的重要决策、重大问题，特别是涉及教学人员管理、老年学员管理的事项，都要广泛征求校内人员的意见，鼓励他们提出合理建议，尊重他们的意愿。民主管理是决策科学化和增强权威性的基础。民主原理体现得越充分，人的积极性就会越高，管理工作就会越顺利，管理效果就会越好。社区老年教育管理者要尊重人才，充分调动他们参与社区老年教育管理的积极性，提高管理工作透明度，坚持“从老年人中来，到老年人中去”的工作作风。

（三）系统原理

社区作为一个整体单位，是由若干相互有机联系的子系统组成的，子系统还包括若干更小的系统。社区老年教育各个部门及其中的每个人都在各自的系统之中，又与其他系统发生各种有机联系，同时又在社区整体系统的范畴之内。社区老年教育管理系统是由相互联系、相互制约和相互作用的子系统所组成的。系统原理认为，系统的功能不等于组成它的诸要素功能的简单相加，总体功能大于诸要素功能的简单相加，要通过管理达到整体的更好效果。社区老年教育管理人员需要具备系统思维，妥善处理社区老年学校内部之间、社区老年学校和其他单位之间的关系，整合校内外的各种力量，使之相互配合、协调一致，发挥整体功能，以取得最好的管理效果。

（四）协调原理

要协调好社区老年教育管理中各方面的关系，使各方面的人员齐心协力，使各方面工作相互促进，形成整体力量。社区老年教育管理主要应处理好以下关系：一是处理好领导和老年学员的关系，要认识到领导是公仆，老年学员是主人，增强服务意识；二是处理好教学和其他方面工作的关系，要认识到中心工作要依靠各方面工作的支持；三是处理好师生关系，既要发挥教师的主导作用，又要调动老年学员的主体作用；四是处理好艰苦创业、勤俭办学与不断改善办学条件的关系，开源节流，提升办学水平。

（五）反馈原理

信息反馈是领导者进行正确指挥与管理的前提条件。社区老年教育管理过程中，校领导要把计划、指令发给执行系统，在执行中还必须依据进展情况进行分析判断，进一步完善、调整甚至改变原有的计划与指令，使其更加符合客观实际，保证管理目标的实现。社区老年教育管理工作能否取得应有的成效，重要的是管理工作进行过程中的问题能否得到及时的解决。这就要求反馈的信息要及时、准确。及时即能敏锐地发现管理工作与实际情况之间的矛盾。准确即能发现事物的本质，能去伪存真、去粗取精、由表及里。因此，社区老年教育管理人员要重视信息反馈，建立信息反馈机制，适时采取新的举措，以适应发展的需要。

（六）最优原理

最优化是社区管理工作的目标。社区老年教育管理工作要讲求实效，管理者要有效率和最优意识，要合理利用有限的人、财、物、时间、空间、信息等资源，实现高质量、高效益，以最少的投入争取最佳的效果。最佳效果的取得受社区老年学校内外各种因素的影响，要经过多种方案的比较。讲效率要成为社区老年教育管理工作的重要指导思想，高效率要成为社区老年教育管理工作的基本目标。

管理原理与管理原则都是进行管理活动的行动指南和实施管理职能的理论依据，但两者的含义还是有区别的。原理是带有普遍意义的客观规律，是最基本的道理。而原则一般是指说话或行为所依据的标准，是在某些特定条件下处理问题的准则。原则受地域或文化的影响，原理则不然。要注意原理与原则的区别，按照管理原理加强管理。

四、社区老年教育管理的要求

（一）社区老年教育管理理念

社区老年教育是老年学员自我教育、自我管理、自我服务、自我完善的有效形式。社区老年教育管理是老年大学管理中的重要方面，必须在人尽其才、乐于奉献上下功夫。

1. 规范组建

社区老年教育要做到“六有”：即有规范有序的章程、有团结合作的领导班子、有热心能干的骨干、有合适有用的场地、有管理有方的经验、有行之有效的活动。

2. 放开自主

学校要放手让社区老年学校按章程开展活动，而不是包办代替，也不是放任不管。要有布置、有指导、有联系、有激励，促使他们以实力和成效确立自己的地位。

3. 倡导奉献

社区老年教育的宗旨是完善自己、丰富生活、老有所为、奉献社会，重点在文化和社会建设中发挥作用，这就要求必须融入基层、服务基层，在构建和谐社会中大显身手。

4. 创建社区品牌

要抓社区品牌建设，创建社区特色品牌，使老年学员珍惜自己的社区老年教育，促进社会教育管理组织创新发展。

（二）社区老年教育管理人员的能力和行为规范

要想做好社区老年教育管理工作，必须有一支能力超强、形象优良的工作队伍做保障。社区老年教育的工作人员以及各层次服务管理人员都要不断地提高履职能力，遵守行为规范，出色地完成各项工作任务。

1. 锤炼“六种能力”

（1）政治鉴别能力

老年人在社区老年学校中活动难免会接触到政治话题。老年学校是进行思想政治工作的良好场所。通过老年学校这一精神文明窗口，老年人可以提高自身的思想素质。

（2）亲和能力

在社区老年教育的实践中，必须尊重、关爱和支持老年人，热爱老年教育工作，同时建立起教师和学员之间深厚的情感纽带，增进老年学员对教师的亲近和信任，从而促进教学工作的顺利推进。

（3）服务管理能力

社区老年教育管理人员要掌握教育学、老年心理学、社会学、管理学知识，以专业素养做好本职工作，做到对老年学员的特征了然于心，能够将发展规律理论运用到服务工作中来。

（4）沟通协调能力

社区老年教育任务艰巨，这就要求管理人员具备相关的能力，尤其是沟通协调能力。通过有效的交流与协调，能够建立融洽的人际关系，从而更好地协同合作。

（5）宣传能力

社区老年教育工作具有社会性质，这就要求管理人员在做好本职工作的基础上，做好宣传工作。

（6）开拓创新能力

社区老年教育是一个新兴事业，没有现成的路可走。管理人员要善于学习，勇于实践，积极解决工作中遇到的问题。要有“菩萨心”“婆婆嘴”“宰相肚”“飞毛腿”，全心全意推动工作不断创新发展。

2. 践行“要”与“不要”行为规范

（1）要敬老爱老，不要对老不尊

老年学员是为社会做过贡献的年长者，理应受到尊重。对老年人要有崇敬之情、仰视之态，把老年学员当长辈、当亲人，做敬老爱老的模范。

（2）要弘扬正气，不要荣耻不分

要自觉践行社会主义核心价值观，树立正确的世界观、人生观、价值观，忠诚老实、言行一致、淡泊名利、乐于奉献，弘扬真善美，远离假恶丑。

（3）要爱岗敬业，不要拖拉延误

要热爱老年教育事业，心无旁骛、忠于职守、爱校如家，尽心尽力做好本职工作，自觉为学校增光添彩，决不能办事拖拉，延误工作。

（4）要热情主动，不要冷漠推诿

对老年学员要倾注爱心、热心、诚心、耐心、细心、恒心，做到厚道、公道、周到，增强优质服务意识，满怀热情做好服务工作。

（5）要举止文明，不要粗鲁低俗

要自觉运用文明礼貌用语，多用“您”“请”“谢谢”等敬语，不用粗鲁低俗的忌语。要遵守文明服务规范，使用“一起立、二让座、三问好、四办事、五送客”待老礼仪。要做到仪表整洁、谦逊礼让、办事真诚、服务到位，让老年人满意。

（6）要团结和谐，不要互相拆台

要树立全局观念，增强团队意识，既各司其职、各负其责，又通力合作、密切配合，做到思想上合心、工作上合力、行动上合拍。

（7）要讲究方法，不要简单生硬

要倡导人性化服务，对老年人做到“四多四少”，即多解释、少争辩，多鼓励、少批评，多引导、少责难，多关爱、少管制。要采用宽松、灵活、贴心的方式，让老年学员高兴舒心，而不是不讲情面。

五、社区老年教育管理的作用

随着老龄化国家战略的积极推进和终身教育体系的日益完善，社会开始广泛关注老年人的教育议题。社区在发展老年教育事业中拥有阵地和师资等优势，是开展老年教育的有力载体。与此同时，推进社区老年教育的发展，有助于提升社区的凝聚力和老年人群体的生活品质。我们只有正确进行社区老年教育管理，才能让老年人享受真正的社区老年教育。

（一）定位社区老年教育的功能

通过社区老年教育管理，我们首先要明确的就是社区老年教育的功能。社区是老年教育发展的沃土。要推进社区老年教育的发展，必须深刻认识到，只有以正确的观念为引领，对发展模式进行精准的定位，才能达成一致的发展共识。

1. 增强对老年教育需求的重视

我们应当积极推进远程教育和继续教育的发展，致力于构建学习型社会。我们应当高度重视老年人的教育需求，将老年人的教育融入“大教育”的体系中。社区老年教育在构建终身教育体系中扮演着不可或缺的角色，因此我们必须深刻认识到其重要性，并高度重视其发展，以促进全民学习。

2. 打破认识误区

有不少人在一定程度上误解了老年人教育，错误地将其局限于保健和娱乐两个方面，而忽略了其真正的意义。针对这种情况，我们需要积极推广社区老年教育基本的功能和作用，改变传统的老年教育观念，使他们认识到社区老年教育是以“老有所学”为中心，开展社区老年教育的目的是让更多的老年人享受受教育的权利，保健和娱乐只是老年教育的一部分，而非全部，这样才能消除认知误区，更好地推动社区老年教育的发展。

（二）大力营造社区老年教育发展环境

社区是构筑学习型社会的基石，社会资源十分丰富。因此，我们在推进社区老年教育发展的同时，应该充分利用当地社区的教育资源，梳理其社会资源情况，积极营造共建共享的社区老年教育生态。

1. 提升教育机构的基础设施

争取政府的财政拨款，以促进社区老年教育的基础设施建设和设备升级，从而改善学校的办学条件，这些对教育阵地的优化行为可以为老年人营造良好的学习氛围，保障老年教育的开展，如兴建社区老年教育中心、健身房、琴房，安装电梯，积极更新电子教学设备等。

2. 提高教师、志愿者队伍素质

首先，为了更加多元地服务老人，需要经历长期的教育实践，逐步打造一支适应老年人多元化发展需要的师资队伍与志愿者队伍，其中包括社会公益人士、志愿进行公益服务的大学生以及相关领域的专家等。其次，为了拓宽老年人的视野，提高老年人的生活品质，教学内容应当被深化。这就需要社区教育中心雇佣专门教师进行贴近生活的教学。最后，优化外部环境。良好的外部环境可以推动社区老年教育的发展。为此，社区应加大宣传力度，增强社会各界对社区老年教育工作的关注与支持，改善学校外部环境。

（三）广泛开展社区老年教育活动

社区老年教育的推广离不开丰富多彩的活动，因此，在将老年教育融入社会职能时，必须以教育活动为媒介，动员老年人积极参与，从而使社区老年教育的渠道、形式和层次更加多样化，以促进社区老年教育有效地融入社区教育体系中。

1. 建立社区老年学校（学习中心）

社区老年教育的一种基本而重要的教学组织形式即社区老年学校（学习中心）。社区老年教育活动应当主要在学习中心开展。从提升老年人的生活品质和使他们享受生活乐趣的角度出发，设计课程，为老年人提供专业的培训和指导，让他们在娱乐中获得乐趣和知识。

2. 积极发展远程老年教育

作为一种具有创新性和高效性的教育模式，远程教育为人们提供了无需外出即可享受优质教育的机会。社区老年教育应当利用这种教育模式，积极运用现代信息技术，建立网络资源平台，为老年人提供远程教育服务，提供免费的电视授课和在线学习。老年人可以选择在社区居委会等学习中心集体学习，也可以选择自行进行学习。同时，为了保障学习的效率和质量，社区和老年人协会等应当对学员进行引导和管理。

3. 促进文体社团的建设与发展

在开展社区老年教育活动时，需结合社区老年人的兴趣爱好开展。这就要求社区文体社团齐全，方便老年人成立党建研究小组、学习英语书画舞蹈等，在多样化的文化载体的支持下，提高老年人的知识水平。

（四）着力完善社区老年教育制度机制

社区老年教育的有效实施离不开有效的制度。考虑当前社区老年教育管理机制的不完备性，可以从老年教育的特点出发，积极动员相关力量促进制度的健全，从而形成社区老年教育多主体联动的发展格局。

1. 确立组织结构框架

在考虑本社区的实际情况的基础上，应根据当地情况建立老年教育组织机构，在明确工作范围的前提下，明确主导人员和分管人员，调整各职能负责人之间的相互关系。同时成立社区老年教育领导小组，使其作为固定的职能机构，在老年教育社区化的过程中有力地支持老年教育的发展。

2. 拟定全面的发展计划

为了确保组织机构的有效运作，必须拟订全面的发展计划。为确保社区老年教育的有序开展，必须成立专门的管理小组，负责对社区老年教育的实际情况进行深入调查和全面了解，并在此基础上制订相应的发展计划。

3. 聚焦内部治理

为了确保社区老年教育的有效运行，必须在政策环境、资金、法律制度等多个方面采取强有力的外部保障措施。因此我们应建立高效的组织和协调机制，以便基层政府充分发挥自身的指导作用，同时应当因地制宜，制定相应的规章制度，对学员进行激励和约束，进而共享教育资源。

4. 加强宣传

强化老年教育管理，使之规范化、制度化，并致力于宣传社区老年教育的社会价值。

5. 拟定全面的发展计划

致力于提升教师的专业素养，为老年人提供更优质的教育服务。为保证老年教学质量和提高教学水平，教师团队的核心理念应不断进化。

第四节 现代远程老年教育管理

一、远程老年教育概述

（一）远程老年教育的定义

在现代信息技术支持的前提下，远程教育得以通过广播电视、互联网等多种传播媒介进行，成为一种高效的教学形式。关于远程老年教育，我们可以把它定义为，通过现代信息技术突破时空限制，将老年学习者和教育组织、教师联系在一起的一种老年教育形式。它有广义和狭义的理解，广义的远程老年教育为老年大学中的远程教育和在社会活动中老年人通过多种途径接受的远程老年教育。狭义的远程老年教育是指专业性强的学校或机构开展的老年远程教育。远程老年教育主要有开放性、自主性、灵活性和互补性等特点，它突破时空的限制，改变了传统教学中师生面对面的授课形式，为老年教育发展探索了一条新的有效的路径。

（二）远程老年教育的主要特征

随着现代远程教育的快速发展和老龄化社会的加速，远程老年教育应运而生。远程老年教育采用分散学习、自学和应用多种媒体进行学习相结合的教育形式，通过现代信息技术突破了时间、空间的约束，保证了老年学习者在教学活动中的主体性。远程老年教育的特征主要有以下四个方面。

1. 教育覆盖面广

远程老年教育无学习时间和学习地点的限制，其具有开放性和面向大众化的特征。想要接受远程老年教育的学习者可以足不出户地通过移动设备、信息化终端参与学习，这为老年学习者提供了便利，使得越来越多的老年学习者开始接受远程老年教育。与此同时，远程老年教育使得每个参加者不进校就能随时随地学习，这缓解了老年学校办学的压力，同时也降低了老年教育机构教学设备和设施、校舍等基础性建设的成本。

2. 课程内容多样化

从课程内容上看，远程老年教育可以借助网络教育平台进行数据筛选，从而获得老年教育的需求状况和老年学员的兴趣爱好信息。根据这些信息和特点，远程老年教育可以有针对性地、灵活地制定课程，并为老年学习者推荐课程和划分学习范围。相比于传统教育方式，远程教育具有时代性和进步性，它的课程内容新颖、先进，符合当前热门的专业、培训的标准。它能快速地整合资源，方便学习资源在老年学习者之间交流共享，还能提供及时性强、质量高的学习配置服务。

3. 教育资源丰富

随着20多年的演进，现代远程教育中的教学资源已经不受地域限制。通过网络，大量的在线学习资源在各种各样的教育平台之间进行流通、优化和共享。不同于其他的教育形式，远程教育信息化管理系统在提高效率的同时，赋予了教学活动、教务管理和课程考核等更高的灵活性，更能够满足学习者个性化的学习需求。远程老年教育使得老年学习者不出门就能开展学习，帮助他们克服了可能面对的身体、交通等困难。远程老年教育是对老年教育的一个补充。

4. 学习方式自主化、个性化

需要强调的是，老年学员应当在远程老年教育中占据主体地位，在教学活动中，应当采取以自学为主导的学习方式，教师则作为引导者，使用多样化的教学辅助手段帮助老年学员顺利学习。首先，根据自身学力、身体状态等个人情况，老年学员可以按照自身节奏在远程教育平台进行学习和沟通，并不受到传统课堂相关的时间、地点、人数等硬性要求的制约。这种学习方式受到了老年群体的欢迎，学员可以在生活中自行安排学习时间。其次，传统授课方式中，教师讲解的内容十分有限，因此老年学习者的学习、思考空间也会受到制约。而远程学习中，学习的主体是老年学习者，教师的工作在于帮助学习者顺利完成自主学习。在这种情况下，学习者能够接触到成体系的、完善的、大量的知识内容，可以尽情沉浸在知识的海洋中，思考相关学习问题，有助于提高他们的创新思维能力和自主思考能力。

二、远程老年教育管理的人本原理

（一）远程老年教育管理的核心是人

社会生产力的发展，一切物质财富的创造，一切科学技术的进步，一切社会系统的运行，一切管理活动，全都离不开人。由于大部分老年人很难像年轻人一样熟练地使用现代技术，因此全部的管理活动，无论是远程老年教育还是活动管理，都要由人进行。通过人的管理才能真正帮助到老年人。当我们遇到操作或者技术上的困难时，年轻人可能会根据步骤提示，一步步地轻松解决问题，而老年人就很难通过这些步骤去解决问题。一是老年人的理解能力没有年轻人强，二是老年人本身可能会对现代科技有所抗拒，认为自己不可能学会使用科技工具而心生焦虑，越焦虑越没耐心，甚至都不愿尝试。这时如果管理者在场，情况就会好很多，管理者能与老年人不断沟通最终解决老年人的问题。

（二）远程老年教育管理的目的是服务于老年人

远程老年教育对老年人的自由全面发展提供更好的机会和条件，通过远程老年教育，老年人可以能更好地感受现代生活的美好，老年人会更健康、积极地生活。远程老年教育管理是为老年人服务的，为老年人提供了便利，使一些活动不便的老年人受到教育成为可能，但远程老年教育确实无法做到面授教学，其教育效果或多或少会比现场教学差些。这时远程老年教育管理的作用就突显出来了。远程老年教育管理可以通过事先安排、随时提醒、与教师沟通等方式全力为老年人服务，让老年人及时跟上教育的步伐。远程老年教育管理要尽可能地改善老年人的受教育体验，最大限度地提升远程老年教育效果。

（三）远程老年教育管理的内容

1. 构筑保障机制，统筹协调

社区高度重视远程老年教育工作，远程老年教育由党组织领导，并受居委会管辖，教育、组织、民政、文化、老龄各方面工作密切配合，把办好远程老年教育作为改善民生和实施惠民的重要举措。完善社区远程老年教育管理体制，成立社区远程老年教育管理领导小组，确保社区远程老年教育有固定的场所、设施、机构、人员、经费、计划、工作目标、章程、制度等；制订较为具体的社区远程老年教育计划，完善社区远程老年教育政策实施体系。

2. 整合各类资源，满足学习需要

一方面整合社区公共服务中心的电教服务设施资源，改善社区教育设备的质量，充分利用“互联网 +”、远程收视等现代信息技术手段，汇聚优质教育资源，开展好社区远程老年教育，就地、就近方便老年人学习，扩大学习覆盖面和办学规模。另一方面整合线上教育的课程资源，根据年龄将老年人划分为不同的层次，并有针对性地为他们提供学习规划相关的咨询服务。还应尝试制定出远程老年教育专用的教学大纲，对远程教育相关资源进行收集和整合，如通用型学习资源、传统文化相关学习资源、地方特色教育资源等，推介一批科普知识和健康知识资源，不断满足老年朋友多层次、多样化的学习需要。

3. 保障经费投入，精选收视内容

建设好社区远程老年教育学习收视点，优化社区远程老年教育环境，加大远程教育电教设备设施的投入，落实专人负责机制，确保设备设施正常高效运行。根据适老实用原则以及老年人学习需求，充分利用各类远程教育资源，定期组织开展健康保健、新市民知识、爱国影片、文艺演出等收视活动，增强远程教育的实用性，推进学习型社区建设，促进社区和谐美丽。

4. 管理师资团队，开发乡土课程资源

一是建好远程老年教育管理队伍、师资队伍，打造热心远程老年教育、管理精干、专业高效、乐于奉献的专兼职的管理、教师队伍，确保远程老年教育工作做实、做细、做优。二是组织教师团队开发适老实用的非遗课程、新市民课程、红色教育课程等远程教育课程资源。搞好“线上”“线下”教育培训工作，不断满足老年朋友多层次、多样化的学习和发展需要，确保远程教育工作有效开展。

5. 创新发展“互联网 +”养老服务

一是借助国家推进“互联网 +”战略的有利契机，建立养老信息服务管理平台，升级社区服务的硬件设施，建立互相联系、支持共享的养老服务系统。二是组建优秀养老服务团队，充分利用互联网对养老服务人员进行职业化教育和训练，建设一支养老服务人员、社会工作者、志愿者相结合的养老服务队伍。三是充分利用好关爱老年人的工程，不断丰富老年人的精神文化生活。

总之，要开展好社区远程老年教育，需要党组织高度重视，加大机制保障和经费投入力度，搞好远程老年教育资源整合、软硬件建设，抓住机遇，乘势而上，推动社区远程老年教育工作又好又快发展。

三、远程老年教育管理的作用

（一）把握信息技术发展趋势与走向

当今世界，人类的思维方式、学习方式及生产生活方式正在因为互联网和人工智能等现代信息技术而发生改变，现代信息技术的迅猛发展对世界的发展产生了深远的影响。人类正面临着教育变革和创新的重大课题，包括网络化、数字化、个性化、终身化的教育体系的构建，创新型人才的培养，学习型社会的建设等。这就要求远程老年教育管理也应当紧跟时代潮流，积极推进教育信息化，通过信息化手段扩大优质教育资源的覆盖范围，实现高质量教育资源在老年群体中的共享。

（二）适应老年人学习特点，有效运用新媒体

1. 以需求为导向

远程老年教育管理要以老年群体的实际需求为导向。在老年人远程学习物质条件基本满足的情况下，远程老年教育管理要多为老年人提供教师当面指导和精神支持，在老年大学、社区老年学校中设置远程教育设备，为老年人提供参与远程学习的机会。应不断进行远程老年教育管理的理论研究；在实践中，如实了解老年人的身体状况、生活情况及心理需求，找到激发和保持老年人学习兴趣的方法。远程教育机构应开发相应的远程线上课程，进行相应的远程教学配套服务。上海远程教育机构在新媒体革新的环境下，逐步联系了各区社区学院、老年大学，将传统媒体和新兴媒体相融合，打造出了多元化的远程学习方式，再结合丰富的在线学习资源，为老年学员提供了全方位的学习支持服务。

2. 有效运用新媒体技术

在远程老年教育方面，老年人的参与意愿和接受能力呈现出明显的差异，这是由老年群体的独特特征所决定的。在提升老年人信息技术素养的过程中，有必要采用恰当的管理策略，协助老人进行计算机、智能手机等现代化信息工具的学习和应用。目前，为了满足老年人各种学习需求，远程老年教育课堂的教学模式综合了传统教学模式和远程教学模式，为老人同时提供线上线下的学习体验。这样的教学模式能够使老年人逐步掌握远程教育的学习方式，并允许他们根据自身的身体状况，改变远程学习和面授学习的比例。近年来，各地都在运用新的教育理念和新的媒体技术，全面升级老年教育理念，全面改进老年教育方法，如“泛在学习”“翻转课堂”等理念在老年教育中的应用，改良了课堂教学方法，进而促进了远程老年教育的蓬勃发展。

远程老年教育管理今后要更加紧密结合老年群体的特点、学习需求以及学习能力的差异，找到适合老年人的学习方法，并使之成为老年教育新的发展路径，不断提高远程老年教育管理的效果和质量。

（三）推动多元主体合作与参与

目前老年教育同其他教育相比，运行机制不够健全。远程老年教育的运行机制亦是如此，其体制需要得到更加有针对性的、顺应时代的更新。为了促进老年教育机制变革，必须进一步理清政府、学校（老年教育机构）与社会的关系以及三者责任范围，确保三者相互衔接、共同发展。

从政府的角度出发，政府需要负责相关法律法规的制订，使远程老年教育活动有序化、规范化；需要从宏观层面调整远程老年教育结构，优化远程老年教育的布局，改良远程老年教育的模式；需要为远程老年教育提供支持和保障，具体方式为优化各老年大学、社区老年学校、社会老年组织的办学条件。

从社会组织的角度出发，随着老年教育的蓬勃发展，人们对社会组织的要求也越来越高。一方面，在当下老年教育供小于求的环境下，意在营利的社会组织将逐步加强对远程老年教育的资金投入；公益性的社会组织则与政府、老年学校、社区开展合作，无偿帮助远程老年教育的发展。另一方面，社会组织因为群众基础深厚，在宣传远程学习方式的过程中起着很大的作用。

从学校的角度出发，排除专门的老年大学，普通高校的慕课等网络课程都是以青年或在职从业人员为主要对象进行设计和运作的，这些在线学习课程与老年人的学习特点并不契合，在线学习资源不对老年人开放。今后，需要根据老年学习者学习的需求，探索建立针对老年学习者的优质课程资源。

（四）构建远程老年教育网络体系

构建远程老年教育网络体系时，政府与各个部门需要互相配合与合作。目前开展远程老年教育的有老年大学体系、国家开放大学体系、全国老龄工作委员会体系、城乡社区教育体系、高校网络教育体系等。这些体系要加强统筹规划和合作，促进资源共享，形成合力，创建一个由政府主导、部门合作、资源共享、自上而下的远程老年教育网络体系。

①老年大学体系。老年大学体系中除了常规课程外，还应该设置关于网络知识、计算机、智能手机应用之类的专业课程。鉴于老年人记忆力不高，为了确保学习质量应当使其可以重复学习课程。

②国家开放大学体系。国家开放大学体系运用现代信息技术实现了在全国范围内开展远程教育的目标。除了提供学历教育，国家开放大学体系还提供社区教育、社会培训和老年教育等多种教育形式。为老年大学和其他老年教育机构提供远程教育的课程指导和学习支持服务，是国家开放大学体系应当承担的重要责任。

③全国老龄工作委员会体系。老年人的职业生涯规划、权益保护以及工作的推动，均由全国老龄工作委员会负责，其下属机构包括各地的老龄工作委员会和中国老年服务网。老龄工作委员会应该有效地组织、协调本体系远程老年教育。

④城乡社区教育体系。社区教育机构可以为老年人定期举办知识讲座，如计

算机基础知识和智能手机使用相关的讲座。由专业教师为老年人一边示范一边提供教学服务。

⑤高校网络教育体系。高校可以新设老年在线课程，或者分享远程教学的经验、教学资源，进而支持远程老年教育的技术发展。

（五）加快建设数字化平台与学习资源

需要整合多元的远程老年教育公共服务平台，加快开发建设老年教育网络课程，实现资源共享。通过对老年教育在线学习资源的整理，对资源的整体结构进行优化，从而实现对老年教育资源的充分利用。确保老年教育教学课程资源建设标准的一致性，可以避免资源格式与程序不兼容、资源质量不佳等问题的出现；发挥各社会组织的作用和优势，使其协同进行远程老年教育资源开发，实现“共建共享、优建优享、多建多享”，从而充分利用优质的教学资源。推进数字化学习资源的开发与共享，提供移动学习应用软件支持服务，完善和优化平台功能，满足老年人多样化、多层面的学习需求。进一步扩充和提升平台的功能，以提供全方位的服务，包括但不限于开拓管理、教学和学习支持服务。同时完善基层教学点的网络基础设施，为老年人提供体验在线学习的平台，开发老年人喜爱的特色精品课程。

（六）推进教学模式创新

要建设和完善以网络为载体的老年教育远程支持服务平台，时刻解决老年学习者在后期学习过程中出现的各类问题。要推进信息技术与远程老年教育的深度融合，构建完善的学习支持服务体系。要根据老年人学习特点，探索“线上线下”一体化的教学模式，使自主学习和互动学习相结合，在提供多样化、定制化学习支持的过程中保持对教学模式的创新意识。与此同时，应尝试推出成系列的立体学习网络平台，包括中国老年教育网、老年开放大学学习网、养老从业人员培训平台，以及多个老年开放大学站群等；在运营矩阵方面，包括对学乐堂老年教育应用软件的运营。

（七）实施项目带动策略

远程老年教育管理作为一项新的工作，在实践探索初期，最为有效的推动方式就是以项目带动。要以项目带动为重点，更新远程老年教育管理理念，如对老年大学进行远程教育，探索养老机构、各类院校、老年学校、社区学校、老年服务企业之间多元化的合作模式，是国家开放大学推进老年教育事业的重要举措。

国家开放大学重视联合社区教育力量，建设五级网络建设工程（收视点），借助线上学习平台和远程教育课程资源，致力于为老年人提供具有远程教育特色的学历和非学历教育服务。实施远程老年教育工程，通过举办开放大讲堂、养生保健等专题活动或开展讲座，以形式多样的老年教育活动丰富老年人的精神世界；通过组织公益服务、游学、才艺展示等活动，提升社会对老年人的认可度，使老年人积极生活，进而促进老年人身心健康；制定专门的远程老年教育教学大纲和学习指南；通过多元化的聚合方式，整合高质量的数字化学习资源，构建在线学习资源库；探讨资源共建共享模式，促进资源库的互联互通，实现资源的高效利用。

参考文献

[1] 苗青. 中华优秀传统文化与高校青年教育管理研究 [M]. 北京：新华出版社，2021.

[2] 许衍琛. 钱穆高等教育管理思想研究 [M]. 广州：暨南大学出版社，2021.

[3] 刘宏，李光宙. 国际化人才战略与高等教育管理 [M]. 广州：暨南大学出版社，2020.

[4] 马启龙. 信息化教育学原理 [M]. 兰州：甘肃人民出版社，2017.

[5] 黎红友. 新时期高校辅导员教育管理工作精细化探析 [M]. 成都：四川大学出版社，2016.

[6] 汪东升，谢均. 研究生教育管理探索与创新 [M]. 成都：四川大学出版社，2015.

[7] 安世遨. 教育管理对话论 [M]. 重庆：重庆大学出版社，2014.

[8] 田晓勇. 地方高校教育管理理论与实践 [M]. 银川：宁夏阳光出版社，2013.

[9] 中国老年大学协会课题组. 中国老年教育学若干问题研究 [M]. 银川：宁夏阳光出版社，2012.

[10] 刘玉彬，杜元虎，白日霞，等. 民族高等院校教育创新与教育管理研究 [M]. 大连：大连出版社，2011.

[11] 程平木. 人本理念下的高中教育管理研究 [J]. 华夏教师，2023（8）：6–8.

[12] 黄雯. “互联网 +”背景下高校教育管理模式的变革与创新 [J]. 普洱学院学报，2023，39（1）：121–123.

[13] 林晓锋. 新时代高校教育管理的创新路径研究 [J]. 江西电力职业技术学院学报，2023，36（2）：119–121.

[14] 吴招弟. 孔子《论语》思想对我国教育管理的启示 [J]. 辽宁经济职业技术学院 辽宁经济管理干部学院学报，2023（1）：35–37.

[15] 施永丰. 大数据时代的高校学生教育管理模式转变与对策 [J]. 江西电力职业技术学院学报，2022，35（12）：93–95.

[16] 顾雨辰 . 创新人才培养视域下高校教育管理开展路径 [J]. 中国多媒体与网络教学学报（中旬刊），2022（12）：142—145.
[17] 沈胜林，陈中文 . 新时代中小学教育管理改革探索：基于教师角色转型的视角 [J]. 教育科学研究，2022（12）：32—38.
[18] 龚亮，黄小辉 . 大数据时代高校学生教育管理模式转变策略探讨 [J]. 大学，2022（34）：55—58.
[19] 胡俊梅 . 研究生教育管理相关理论研究 [J]. 科研管理，2022，43（11）：209.
[20] 唐曼青 . 高校教育管理质量保障路径研究 [J]. 内江科技，2022，43（10）：3—4.
[21] 耿爽 . 乡村小学在线教育管理的案例研究 [D]. 贵阳：贵州师范大学，2022.
[22] 李娜 . 后疫情时代小学校园安全教育管理的问题及对策研究 [D]. 郑州：郑州大学，2022.
[23] 江楠 . 中学心理健康教育管理 [D]. 上海：华东师范大学，2022.
[24] 樊琼 . 教育管理课程远程交替传译实践报告 [D]. 桂林：广西师范大学，2022.
[25] 练捷情 . 小学劳动教育管理研究 [D]. 广州：广州大学，2022.
[26] 嵇梦丽 . 高职院校教育管理信息化建设问题与对策研究 [D]. 徐州：中国矿业大学，2021.
[27] 刘利 . 高校思想政治教育主体的管理研究 [D]. 大理：大理大学，2021.
[28] 陈凯 . 近现代中国教育管理学的发展研究 [D]. 金华：浙江师范大学，2020.
[29] 张轩 . 新中国高等教育管理体制变革历程与经验研究 [D]. 西安：陕西师范大学，2020.
[30] 韩志鹏 . 基于人本主义的小学教育管理者自主管理研究 [D]. 石家庄：河北师范大学，2020.